传统体育理论与教学实践研究

张 野 任祥钰 王 菲 著

吉林摄影出版社

·长春·

图书在版编目(CIP)数据

传统体育理论与教学实践研究/张野,任祥钰,王
菲著.--长春:吉林摄影出版社,2024.6.--ISBN
978-7-5498-6250-4

Ⅰ.G85

中国国家版本馆 CIP 数据核字第 2024HH4917 号

传统体育理论与教学实践研究
CHUANTONG TIYU LILUN YU JIAOXUE SHIJIAN YANJIU

著　　者:张　野　任祥钰　王　菲
出 版 人:车　强
责任编辑:岳青霞
开　　本:787mm×1092mm　1/16
字　　数:108 千字
印　　张:7.75
版　　次:2024 年 6 月第 1 版
印　　次:2024 年 6 月第 1 次印刷

出　　版:吉林摄影出版社
发　　行:吉林摄影出版社
地　　址:长春市净月高新技术产业开发区福祉大路 5788 号
　　　　　邮编:130118
电　　话:总编办:0431—81629821
　　　　　发行科:0431—81629829
印　　刷:北京银祥印刷有限公司

ISBN 978-7-5498-6250-4　　　　定　　价:65.00 元

前　言

　　传统体育是中华民族文化历史的重要组成部分，是在人类发展历史长河中逐渐沉淀下来的文化瑰宝，以其自身独特的运动形态存在，同时与人们的日常生产生活存在着非常密切的关系。对于高校而言，传统体育在课堂中不仅能够丰富教学的内容，而且也为在校大学生增加了选课的范围。因此，把东方古老的传统体育运动融入高校体育运动中去，根据时代要求对高校传统体育进行再创造和深加工，使之符合当今世界体育的发展规律和特征，是十分重要的事情。

　　作为高校传统体育教学模式，它是针对高校学生这一特定的对象以促进学生身心和谐、健康，传承弘扬我国传统体育文化为教学指导思想，以传统体育为主要手段，为完成规定的教学目标和任务而形成的规范化教学程序。高校传统体育教学应继续创新教学模式、更新教学理念、突出课程特色、改革教学方法，以提高学生兴趣，弘扬文化传统。

　　本书逻辑清晰、内容丰富，具有一定的理论价值，其中提出的一些对于传统体育项目教学的有关意见和建议契合当今社会发展及健康理念的需求，体现了本书的科学性和时代性。理论的发展最终是为了指导实践，希望本书能够为人们探索现代高校传统体育运动项目教学研究提供一定的参考。

目　录

第一章 高校传统体育教学目标与原则

第一节 传统体育的教学目标

一、传统体育课程的教学目标与基本要求

(一)传统体育课程教学的目标

通过传统体育理论课的学习,使学生学习、掌握和应用传统体育的基本理论知识,掌握传统体育的运动规律和特点,了解与认识传统体育运动的价值、民族地区民俗习惯与文化内涵,深入地了解与掌握传统体育的文化内涵。

通过传统体育运动技术的学习,使学生掌握传统体育项目基本技术、基本方法,形成良好的运动技能,培养学生掌握和应用传统体育文化进行学校体育教学、训练,使学生具有较强的从事传统体育教学、训练、竞赛组织、裁判、科学研究以及传统体育健身指导的基本能力。

使学生掌握传统体育游戏的基本理论及创编原则、方法,掌握创编传统体育游戏和进行组织教学的能力,培养学生能应用相关知识在传统体育教学、传统体育运动训练、传统体育竞赛活动的组织等方面具有传承与发展传统体育文化的创造性能力。

(二)传统体育课程教学要求

通过运用合理的教学模式、教学方法和教学手段,充分运用现代科学

教学技术及设施进行传统体育课程的教学,在教学过程中要能够遵循教学的基本原则、规律进行教学设计,进行教学过程的实施与评价。

传统体育课程的教学中根据其文化内涵与特点,要求突出重点,讲清难点,结合传统体育文化及民族地区风情、民俗与社会发展状况,重视课程理论知识的掌握和运动技能的培养。要求能够分析和研究国内外传统体育学科前沿信息,确保本课程的民族性、先进性与科学性,培养学生关注与研究传统体育文化,激发学生积极参与民族体育活动。

通过传统体育课程教学实践,结合传统体育运动训练的实践活动,培养和提高学生组织、实施传统体育运动文化表演及运动竞赛活动的实际工作能力,能够在民族地区、社区休闲假日,组织民众参与民间民俗节日、民风喜庆日等传统体育运动文化活动,形成教学—训练—科研—竞赛—表演基本教学框架系统的教学体系,全面地培养学生综合素质能力。

二、传统体育课程教学观念

传统体育课程的定位,着眼于新世纪人才素质的需求,应以学生的学习、发展为本,以健康第一作为教学的指导思想,重视学生的主体性,引导学生积极主动地学习,体现鲜明的时代特色;重视教材的整体性,注重传授知识和技术与培养技能、创新意识并重,是传统体育课程教学所体现的课程教学理念。

(一)体育课程要坚持以人为本,以学生发展为本的教学理念

传统体育课程教学以学生的学习、发展为本,在教学过程中,要求学生进行主动学习。改变过去学生在课程教学过程中强调接受性学习,死记硬背、机械练习的学习方式,倡导学生主动参与、乐于探究、勤于动手,培养学生的体育能力和进行体育锻炼的良好习惯,树立终身体育的运动意识。注重培养学生发现问题、分析问题和解决问题的能力以及社会适应的能力。教师在课程教学过程中的主导作用是引导、帮助学生对体育课程知识、运动方法和动作技术的学习。

（二）确立知识与技能、过程与方法以及情感、态度与价值观的整合

传统体育教学过程的构建必须强调知识、方法和技能三个方面与情感、态度和价值观的整合，充分体现新课程的价值追求与素质教育要求的课程教学目标体系。如何把新课程的价值追求和目标框架落实到课堂教学中去，是传统体育课程教学目标的共同框架。

传统体育课程的教学，要在继承与发扬传统的体育教学成功经验基础上，改变过去片面追求运动成绩的单纯竞技观念，摒弃片面强调知识与技能的倾向。

传统体育课程的教学必须由以知识为本位转向以发展为本位，教学目标要体现知识、能力、态度三个方面的有机整合，从而符合素质教育的要求，在教学实践中应特别强调教学过程与结果的统一，认知与情感教育的统一，科学价值与人文价值的统一和强调人的价值与自然价值的统一，使学生从内心树立起对知识、技能的价值追求及人与自然和谐发展的理念。

（三）综合应用多学科理论进行教学，促进学生身体的健康发展

传统体育课程的教学是以体育科学、教育科学、人文科学等多学科理论为基础，根据学校体育课程教学的指导思想、教学目标、任务、内容，结合社会发展与学生学习的需要所进行的，全面锻炼学生的身体，促进学生生理健康、心理健康水平及社会适应能力的健康发展，有效地增强学生体质的过程。

（四）构建以实现教学目标为中心的师生交往、互动的教学关系

教学是教师的教与学生的学的统一，实质是交往。现代教学论强调教学过程是师生交往、积极互动、共同发展的过程。把教学统一的本质定位为以实现教学目标为中心的师生交往与互动，是对教学过程的正本清

源。它不仅在理论上摆正了教师的主导作用和学生的主体作用关系,而且在实践上具有极其重要的现实意义。

师生交往是课程教学活动的最基本形式,包括最基本的精神、知识、技能的交往,这种交往建立在师生以实现教学目标的基础上,它不只是静态的社会关系的总和,而是动态地表现出来的教学双方之间的相互作用、相互交流、相互沟通、相互理解,良好的师生交往、相互关系认为教师与学生都是教学过程的主体结构,都具有独立人格和价值,是一种平等、理解、双向的人与人的关系。

传统体育教学过程中应在充分发挥教师的主导性作用基础上,调动学生主动积极地学习课程的知识与技能,注重教学中师生的互动与尽可能提高教学效率,构建活跃的课堂教学运行体系。

三、传统体育课程的教学方法与过程

(一)传统体育课程的教学方法

传统体育课程教学方法是教师和学生为了实现共同的教学目标,完成共同的教学任务,在教学过程中运用的方式与手段的总称。传统体育课程教学的方法范畴主要包括在教学过程中体育教师为完成教学目的和任务所采用的教学模式、教学技术、教学手段和指导学生进行学习体育理论知识、运动技术,培养其运动技能的具体方式。

体育课程教学理论与方法的探索、研究与发展,自始至终都遵循教育学、心理学、运动人体科学的原理和原则,遵循教学理论与教学实践相结合的事物发展规律,遵循人体体育知识、技术技能的形成规律。体育教学方法主要研究学校的体育教学的基本规律,其中心课题是促进学生身体的健康发展和有效地增强体质,掌握体育知识技能的规律,指导体育教学实践,提高教学质量。

(二)民族传统体育课程的教学过程

传统体育课程理念下的教学观强调:教学过程是师生积极参与、交往互动的过程,教学是教师的教与学生的学的统一,这种统一的实质是交往。教学过程是师生共同学习与发展的过程,教学过程的基本目的是促进学生的发展以及教师自身的发展,教学过程是师生互动、学生在教师的指导下主动建构的过程。

在传统体育课教学过程中,强调教师的教(基础知识、健身方法、运动技术的传授,在学生学习掌握动作技术过程中进行指导与帮助,组织和引导学生进行体育教学活动的身体练习)。学生的学则是指在学习过程中对体育理论知识、运动方法、动作技术的理解、感知与掌握,在教师的指导与帮助下进行体育教学活动的身体练习与强化训练,并增强对所学知识的应用和参与运动实践。

教师根据教学目的、教学目标、教学任务、教学内容与教学要求,通过传统体育课程教学与课外体育活动不同的组织形式,将具体的传统体育基础知识、健身方法、运动技术和练习手段有目的、有计划、有组织、系统地传授给学生,并逐步培养学生掌握、应用体育基础知识、健身方法、运动技术和练习手段进行运动健身的能力,培养学生分析问题、解决问题的能力,以及对学生进行思想、道德、品质的教育。

教学过程的性质是使学生学习、掌握和应用传统体育知识、健身方法和运动技术,培养学生良好的运动技能、体育锻炼习惯和体验运动乐趣的过程;是提高学生身体素质、全面发展学生身体运动能力,关注和重视学生身体的健康发展过程;是学习体育运动知识、方法和形成感知、理解、掌握与运用的过程;是科学地锻炼身体,形成良好的健身习惯和树立终身体育意识的过程。

四、传统体育课程的教学内容与评价

(一)传统体育课程的教学内容

传统体育教学内容是教师和学生进行教学材料的主要载体。教学内容是根据课程教学目标、指导思想、教学任务、学生的学习需要与教师职业技能,遵循体育教学规律和教学原则所选择的教学素材,并且对其进行体育教材化的加工和创造而构成的课程教学内容结构体系。

传统体育课程教学内容包括了学科理论知识、健身方法手段和运动技术技能素材内容、信息与手段。传统体育教学内容是教学实践活动的载体，包含了传统体育文化的基本理论知识、健身方法、运动技术、思想品质教育等教学要素和深厚的民族文化内涵，通过教学内容的"教"与"学"过程，使学生学习、掌握传统体育的基本理论知识、体育健身的方法、运动技术，提高身体的运动能力水平和形成良好的运动技能，并在体育课程教学实践活动的参与过程中培养锻炼身体的良好习惯和优秀的道德品质。从体育教育活动实施过程及其对人的发展角度进行分析，体育课程教学内容从本质上起到了体育教学实践活动的载体作用。

传统体育教学素材有两个明显的特征：一是素材来源广泛，内容丰富；二是教学素材之间不具有严密的逻辑性，教材系统结构中每项教学素材内容都具有各自的功能性，由多项教材内容具有的功能性总和构成了能够达成多元教学目标的可能。

(二)传统体育课程的教学评价

传统体育课程教学改革的一个重要内容就是以评价促发展，因此评价学生的学习要能够体现学生学习的不同层次水平。传统体育课程教学评价是依据课程教学目标对教学过程及结果进行价值判断并为教学决策服务的活动。教学评价是研究课程教学过程中教师的教和学生学习的过程和结果。

传统体育课程教学评价一般包括对教学过程中教师、学生、教学内容、教学方法手段、教学环境、教学管理诸因素的评价，但主要是对学生学习过程与结果的评价和教师教学工作过程的评价。教学评价的两个核心环节是对教师教学工作(教学设计、组织、实施等)的评价，教师教学评估(课堂、课外)和对学生学习过程与结果的评价。评价中依据一定的客观标准，通过各种测量和相关资料的收集，对教学活动及其效果进行客观衡量和科学判定。

传统体育课程教学的评教，是依据《体育课程教学大纲》所进行的课堂教学研究活动。在教学评教活动中强调体育课程教学应以促进学生身心健康发展为根本目的，贯彻"健康第一"的指导思想，要求在全面锻炼身体的基础上,促进学生生理机能、心理素质及社会适应能力几方面都得到健康的发展,同时注重学生自我体育锻炼习惯及能力的培养,为终身进行体育锻炼打下良好的基础。

体育课程教学评价规定了学生在学习过程中的状态和学习结果应达到的期望标准。体育课程教学的评价通过了解与评估教学各方面的情况,从而判断教学的过程、质量和水平,包括课程教学的成效和缺陷。全面客观的评价不仅能估计学生的成绩在多大程度上实现了教学目标,而且能找出主要原因,有针对性地调整教学过程,以利于在教师与学生参与的体育教学过程不断地优化教学途径、方法和手段,不断地改进与提高教学质量。

第二节　传统体育课程教学原则的应用

教学原则是教师和学生在完成教学任务、实现教学目标活动中具体的思想准则,是组织与实施体育课程教学活动并具有体育教学共性特点的规律性总结。传统体育课程教学原则奠基于人体认知结构发展的规律和技术技能形成的特征,来自教学实践经验总结的基础之上,它是应用人体科学、教育学的理论与方法,结合传统体育文化及学校体育教学的实践经验,研究教学过程基本规律所形成的基本原理和评价体育教学质量的基本标准,并经过多年的体育教学理论与实践活动的检验和不断改进与完善的体育教学指导性原则。

一、传统体育课程教学原则对体育教学的指导作用

教学原则对传统体育课程教学具有直接的导向作用,在教学过程中深刻理解、掌握、贯彻与应用传统体育课程教学原则,对提高课程教学的效率和质量具有重要的现实意义和实用价值。教学原则是体育教师在进行体育课程教学实践时必须遵守的准则,它主要包括了体育课程教学中学生学习的积极主动性原则、趣味性原则、启发性原则、适量性原则、健身性原则、循序渐进性原则、区别对待原则、巩固性原则、从实际出发原则、

安全性原则等。体育教学原则对体育教学的指导作用,体现在以下三个方面:

(一)教学原则是传统体育教学活动的具体要求

体育教学原则是组织与实施教学活动的基本要求,是学校体育教学工作性质和教学规律的具体体现,是对教学实践活动工作的准则。由于教学原则充分地体现了传统体育教学实践活动的基本要求,所以体育教学原则是组织与实施体育教学实践活动更加明确具体的要求,体育教学过程中可以依据教学原则指导体育理论知识、动作方法、运动技能方面的学习与应用。应用体育教学原则进行体育教学工作是对体育教学活动的最基本要求,是教师和学生在实现体育教学目标、完成体育教学任务的体育教学实践活动中所必须遵循的基本原则。

(二)教学原则是传统体育教学活动性质的基本因素

体育教学原则是组织与实施学校体育教学实践的工作思路,是保持学校体育教学活动性质的基本因素,是教师的教和学生的学两方面都必须遵循的指导性原则。在组织与实施学校体育教学实践活动过程中,教师对体育教学目标的制定、教学内容的选择、教学方法的应用、教学手段的实施、教学活动的组织,学生对体育知识、技能的学习、体育兴趣与健身习惯的培养、运动技能的形成以及教学外部条件的准备与优化等方面,都要遵循和依据体育教学原则,运用科学的方式进行体育教学。

(三)教学原则是观察与评价传统体育教学质量的标准

体育教学原则包含了体育教学的基本要求、体育教学的基本因素和体育教学的基本标准,因而体育教学原则是观察与评价学校体育教学质量的标准。根据体育教学原则分析影响组织与实施学校体育教学实践活动的有关因素,针对性地观察与评价体育教学工作与基本要求之间的差距,采用综合性的评价方式对教学过程及其结果进行评价。通常情况下在组织与实施学校体育教学实践活动中能够遵循与应用体育教学原则进行的教学都具有符合教学要求的教学过程及其结果,呈现合理的教学活动外部特征与规律。反之,如果在组织与实施学校体育教学实践活动中不能够遵循与应用体育教学原则进行的教学,就不可能具有符合教学要求的教学过程及其结果,就可能呈现不合理的教学活动外部特征与状况。

综合评价体育教学过程及其结果也牵涉到多方面层次的因素,在体育教学过程及其结果评价中由于观察与评价的视角与焦点不同,存在着多种观察与评价的方式方法,但无论何种观察与评价的方式方法都具有一个共识,即体育教学原则的具体要求是进行观察与评价学校体育教学实践活动的清晰、简明标准。

二、传统体育课程教学原则的结构体系

体育教学原则是教育科学的一般性教学原则结合体育教学的普遍规律和特点基础上所建立起来的,对体育教学有直接性指导作用与意义的指导性原则。无论是一般性教学原则,还是体育教学原则,通常情况下都是由几个或十几个原则来综合构成的,因此教学原则的应用不可能单一地进行,总是具有针对性地综合应用于某一时段(教学单元或课时)的教学过程,这是因为教学原则的结构体系是由众多的因素所构成,构成体育教学原则结构体系的主要因素大致有四个方面,即:思想教育因素;体育知识、技能教育因素;学生学习与发展因素和教学工作外部条件因素。

(一)传统体育课程教学原则结构体系的思想教育因素

体育教学原则结构体系的思想教育因素,体现在体育教学过程对学生思想品德的教育与培养方面。体育教学具有显性教育和隐性教育两方面的功能,学生在参与体育教学活动过程中,通过体育活动的显性教育方面能够学习、掌握体育基本理论知识、体育方法和运动技术,形成良好的运动技能,这是体育教学过程所具有的显性教育作用。而体育教学所具有的隐性教育功能则显现在体育教学过程对学生爱国主义、集体主义思想教育,勇敢顽强的意志品德的教育与培养方面。体育教学原则结构体系的政治思想教育因素,包含了适应于社会发展与人的发展需求的个体与社会发展相联系因素,教学的目的性因素、有序性因素、集体教育因素、思想教育性因素、意志品德教育与培养因素等。

（二）传统体育课程教学原则结构体系的体育知识、技能教育因素

体育教学原则结构体系的体育知识、技能教育因素,体现在体育教学过程对学生体育知识、体育方法和运动技术的教育以及运动技能和体育锻炼习惯的培养方面。体育教学是学校教育的重要组成部分,学生在参与体育教学活动过程中,通过体育运动的参与和学习能够获得体育基本理论知识、体育方法和运动技术,形成良好的运动技能和体育锻炼习惯,这是体育教学过程所具有的体育知识、技能教育作用。而体育教学所具有的体育知识、技能教育因素则显现在体育教学过程对学生体育知识、体育方法和运动技术教育与培养方面。体育教学原则结构体系的体育知识、技能教育因素,包含了教学的指导思想因素、教学目标因素、教学的任务因素、教材内容因素、教师和学生因素、教学形式因素、教学方法因素与教学技术因素等。

（三）传统体育课程教学原则的学生学习与发展因素

体育教学原则结构体系的学生学习与发展因素,体现在体育教学过程中依据社会发展与人的发展需要,对学生进行体育知识、体育方法和运动技术教育过程中的学生学习与发展方面。体育教学是教师和学生共同参与的双边活动过程,在学生参与体育教学活动过程中,通过体育运动的参与和学习能够获得体育基本理论知识、体育方法和运动技术,形成良好的运动技能和体育锻炼习惯,体育教学原则结构体系中所包含的学生学习与发展因素有:学生学习与发展的动机因素、教学的指导思想因素、体育课程学习的任务因素、学习理念与学习方法因素、学习的风格与技巧因素、身体素质与运动能力因素、学生所具有的体育认知结构层次因素及运动技术水平因素等。

三、传统体育课程教学原则应用实例分析

我国学校体育工作中,传统体育教学原则对体育课程教学具有直接

的导向作用,在体育课程教学过程中深刻理解、掌握、贯彻与应用体育课程教学原则,对提高体育课程教学的效率和质量具有重要的意义和价值。体育课程教学原则是体育教师在进行体育课程教学实践时必须遵守的准则,它主要包括了体育课程教学中的积极主动性原则、趣味性原则、启发性原则、直观性原则、适量性原则、健身性原则、循序渐进性原则、区别对待原则、巩固性原则、从实际出发原则、安全性原则等。

(一)传统体育课程教学的积极主动性原则

积极主动性原则的全称为学生学习的积极主动性原则,在体育课程教学过程中,教师与学生双方根据体育课程教学目标和要求进行体育课程内容的教与学活动中,充分发挥学生对体育知识、技术技能的主动学习作用和教师主导作用,有效地提高体育课程教学效率和教学质量。这一原则的提出,旨在于课程教学过程中要特别重视学生对所学习的体育知识、技术技能应具有主动学习的态度和良好的学习积极性。在学生对体育知识、技术技能的学习过程中,贯彻应用学生学习的积极主动性原则,具有提高体育课程教学效率和教学质量的重要作用。

1.学生的积极主动性学习与掌握传统体育理论知识、运动技术的关系

在传授体育理论知识、技术、技能的教学过程中,教师应以学生的学习为本,遵循体育教学的客观规律和原理,有目的、有计划地运用科学的方法引导和帮助学生进行体育理论知识、技术、技能的学习,作为学习体育理论知识、技术、技能的学生主体,在学习过程应具有良好的积极性和主动学习的态度才有可能提高学习、掌握体育理论知识、技术、技能的效率。学习理论的研究成果表明,人对知识与技能的获得,必须建立在积极主动学习的基础之上,积极主动的学习能够获得极好的学习效率,能够获得更好的学习结果。

现代体育教学论强调教学过程不是单向知识传授,而是教学双方信息交流的过程,包括知识、技术、技能与情感的交流,是帮助学生发展思维

能力和学习掌握技术,逐步形成技能以及人格发展的过程。体育课程教学的过程中,应特别重视充分发挥学生学习的主体作用,充分调动学生对所学的体育理论知识、运动技术理论与技术技能的积极性,充分调动学生在学习过程中主动学习和获取所学的理论知识与技术技能,构成学生的有意义学习过程,提高教师与学生双边活动的教学效率与质量。

在教学中应该坚持以学生学习为本的教学理念,强调教师在教学过程中对学生的指导与帮助,应特别重视充分地发挥学生在体育课程内容学习的主体作用。在体育课程教学的过程中,学生是学习的主体,课程教学的目的是使学生学习、掌握与应用体育理论知识、运动技术,形成良好的技能和体育锻炼的习惯,教师的一切工作都是围绕着学生在学习、掌握体育理论知识、运动技术与形成良好的技能和体育锻炼的习惯目标的进程而进行,其教学效率的高低,教学质量的优劣体现在学生的学习过程与结果上。因此学生学习的积极性和主动性对整个教学过程的效率的高低、教学质量的优劣,有着极为重要的作用。

2.在传统体育课程教学中充分发挥教师的主导作用

课程教学效率和质量的优劣在一定程度上取决于教师专业理论水平、技术技能水平和教学组织能力等方面的素质和状态,同时也取决于学习活动的主体——学生参与学习活动的状态。教师在传统体育课程教学过程中,为使学生积极主动地参与教学活动,自觉主动地学习、掌握体育理论知识、运动技术技能,必须尽可能地提高课堂教学的科学性、趣味性和实用性,教学目标的制定、教学内容的选择、教学方法与手段的应用、教学练习的难度与负荷都必须使教学目的与学生的实际情况达到有机的统一。

学生对传统体育理论知识、运动技术技能的学习积极主动性建立在正确的学习目的与动机基础上,为使学生积极主动地学习体育理论知识、运动技术与形成良好的技能,建立正确的学习目的和动机,形成积极主动的学习状态,教师应在提高自己的专业素质基础上,认真准备教学内容,精心设计教学方案,科学制订教学计划,使学生明确体育课程教学的目标与任务,明确学习体育理论知识、运动技术技能与自身健康发展与社会需要的关系。

　　教师在课堂教学时语言表达的水平和动作示范的能力对调动学生学习的积极主动性也具有重要的影响作用,课堂教学时简明扼要、层次分明、条理清楚、深入浅出的讲解是教师进行体育课程教学必备的职业技能,也是调动学生对体育理论知识、运动技术学习积极主动性的重要因素。

　　由于传统体育课程教学中的练习更注重实用与简捷,因而在练习的动作设计上要避免单调与枯燥的教学内容,尽可能选择那些既有教学意义和健身价值,又具有较强趣味性的内容进行教学。从民族体育文化教学意义上,则可以认为学生在体育课程教学过程中根据学习目标、动机所形成的积极主动学习性质是学生学习结果的内部因素,而由教师主导的教学内容、教法手段及教学设施条件等则属于影响学生学习结果的外部因素,当教学活动的内因与外因形成一种最佳的组合状态时,课程教学的效率和质量都将会得到明显的提高。

(二)传统体育课程教学的理论与实践相结合原则

　　传统体育课程教学理论与实践相结合的原则是指在体育课程教学过程中要根据体育课程教学的规律,遵循现代教育、心理、运动科学的理论,结合学生对体育知识、技能学习要求和体育教学外部条件(包括教师的帮助与指导、运动场地、器材设施、教学媒体、体育氛围等)进行科学教学的原则。

　　体育课程教学理论来源于体育教学的实践,经过科学原理的总结与归纳升华为较为系统的理论,又应用到体育教学中对体育教学实践进行指导。经过多年理论研究与教学实践的结合并不断地反馈调节、改进与完善,使体育课程教学理论的结构体系更趋合理与完善,充分显现了教学理论的结构体系科学性质。体育课程教学理论包含了多年以来人类对体育教学实践的感受、思索与经验,包含了多年以来人类对教育科学及运动人体科学的探索、研究与发展。

体育课程教学理论对学生学习、掌握体育理论知识、运动技术动作，培养学生掌握和应用体育知识、技术技能，改进和提高体育知识、技术技能的掌握程度和水平，形成良好的运动技能，增强体质和促进身体机能的发展都具有极为重要的指导作用。体育课程教学理论对教师的体育教学设计、教学模式、教学方法、教学手段，及其组织教学活动过程，对教学过程的调节与控制，都具有极为重要的指导作用。

在体育知识与技能传授与学习的活动中，理论与实践相结合是学生体育知识与技能学习的捷径。课程教学实践中通过教师应用体育课程教学理论、方法指导与帮助学生学习体育知识与技能，必须注重理论与实践构成紧密有机的结合，避免不切实际的高谈阔论，要把体育课程教学理论与教学条件和学生学习的实际情况结合起来构成对教学内容的有意义学习过程，在体育课堂教学过程中紧密联系教学理论，科学地进行体育教学，培养学生学习、掌握与应用体育知识与技能。学生在学习体育知识与技能过程中要根据学习的性质、规律和特点并结合学习的基本理论，应用学习的方法和技巧进行体育知识与技能的学习。

（三）传统体育课程教学的趣味性原则

课程教学的趣味性是指传统体育教学内容、教学方法与教学过程所具有的生动、活泼、有趣的性质。在教学过程中趣味性原则与教学的其他原则紧紧地联系和依附，尤其是与实用性、健身性、教育性的原则相伴随，不能单一孤立地强调趣味性在体育课程教学中的重要性，在教学过程中使学生学习与获得体育的知识和技能是体育教学的根本，而教学中教学内容、教学方法与教学过程的生动、活泼、有趣则是为学生学习与获得体育的知识和技能服务，是应用教学模式与方法的一种教学手段或过程。

体育知识和技能的学习是一项十分复杂而又艰苦的智力学习、身体练习的运动过程。如何使学生从艰苦的智力学习、身体练习中解放出来，使之学有兴趣，这是目前体育教学改革中的一个新课题。在体育教学过程中,为使学生愉快地学习,应用趣味性教学的方式进行体育课堂教学是一条行之有效的重要途径。

根据教学目标与任务,通过对教材内容的选择、教学方法手段的优化,充分利用和培养学生对体育的爱好与兴趣,通过对体育教学外部环境、氛围的营造,使学生积极主动地参与体育知识、技能的学习。在体育课堂教学中科学、合理地应用趣味性原则,对于体育基本理论知识、运动技术和体育方法的基础教学具有非常积极主动的促进作用,是构成学生主动学习和有意义学习的主要因素,它不仅能提高教学效率,而且还能培养学生的学习兴趣,从而获得较好的体育教学效果。在体育课堂教学过程中应用趣味性原则时,应注意以下几个方面的问题。

1. 体育教学中注重学生对体育的兴趣与学习体育知识、技术技能的能力

在体育教学中注重学生对体育的兴趣与学习传统体育知识、技术技能的能力,让学生在参与传统体育,体验运动乐趣的过程中学习、掌握与应用传统体育基本理论知识、基本技术技能,形成良好的运动技能和培养学生进行身体锻炼的习惯,在学校教育阶段使学生树立终身体育的健康意识,是学校体育课程教学的核心工作。

每项成熟的传统体育教学内容都有其教学意义和一定的运动乐趣,这些乐趣存在于该项运动所具有的运动性质与特点,在教学过程中必须正确地理解和对待运动中的乐趣与学习体育知识、技术技能的关系,要从实现教学目标的结果和完成教学任务的手段两个层面上,去深刻地理解运动乐趣与学习体育知识、技术技能的关系。从实现教学目标的角度上,学习体育知识、技术技能是体育课程教学的基本任务,让学生体验体育运动的乐趣是过程,是优化体育教学方法、教学手段的一个有效的基本途径。体育教学的过程始终是以学生学习体育知识、技术技能为根本,学生在学习体育知识、技术技能的过程中不断地体验运动和学习的乐趣,经过参与体育运动、了解体育运动、获得体育运动的好处和成功体验,才能更好地激发学生主动学习体育知识、技术技能的动机,才得更好地促进学生

对体育知识、技术技能的主动性学习。

2.贯彻注重体验运动乐趣原则的基本要求

在传统体育教学中贯彻注重体验运动乐趣原则的基本要求有如下几点：

(1)注重以学生参与体育,学习体育知识、技术技能和体验运动乐趣为本的立场去选择教材,理解教材的性质与特点,将体验运动乐趣与学习体育基本知识、技术技能两者紧密结合起来,提高学习的效率和获得最好的教学效果。

(2)要让学生在参与教学活动中感知传统体育文化和进行运动实践,不断地获得体育的好处,在体验运动乐趣过程中掌握体育理论知识、体育健身方法和运动技术技能。在教学中,教师要重视传统体育理论知识、健身方法和运动技术技能的教学,并在此基础上科学、合理地应用趣味性的教学原则,开发多种具有较强趣味性的教学内容和教学方式。

(四)传统体育课程教学的启发性原则

启发性原则是指在传统体育课程教学过程中教师充分调动学生对所学体育知识、技术技能原理、技术结构、技术特点及技术重点等问题的积极性思维,应用启发的教学方式,促进学生在感性上和理性上对体育知识、技术技能的感知、理解与掌握,使学生形成良好的运动技能和培养学生自觉锻炼身体的习惯。启发性原则是提高教学效率和质量的基本原则之一。

1.充分调动学生进行积极性思维活动,培养学生分析问题和解决问题的能力

应用启发性原则实施传统体育课程教学的目的,是使学生在学习体育知识、技术技能基础上,培养学生在学习过程中发现问题、分析问题和解决问题的能力。教师在进行体育课程教学实践中对传统体育知识、技术技能原理的讲解、分析、传授要注重结合学生已有的知识和经验,注意结合学生对体育知识、技术技能的认知结构与水平层次,运用启发性教学

方式、教学手段和组织教学形式,充分调动学生针对学习内容进行积极的形象思维和逻辑思维,使学生在学习体育知识、技术技能的过程中善于发现问题、分析问题和解决问题,养成"勤于思考、善于学习"的主动学习方式,积极开动脑筋发现与探究学习、掌握、应用体育知识、技术技能的问题,逐步培养和提高学生分析问题、解决问题的能力和水平。

2.启发性原则在传统体育课程教学中的应用

教师在传统体育课程教学中应用启发性原则,要注意以下两个方面的问题。

(1)教师进行体育课程教学时,要在科学、合理的教学内容基础上,注重运用富有启发性的语言,围绕教学的具体任务、教学目的以及学生必须掌握的技术知识和技术要点,运用提问、引导、解答与分析的探究性教学方式进行教学,以促进学生接受性学习和创造性学习的发展。

(2)在体育课程教学活动中,注重培养学生的自主学习能力,在教师的帮助与指导下发展学生的创造性思维能力。作为学习主体的学生,在学习体育知识、技术技能的过程中,在教师的帮助与指导下应对所学体育知识、技术技能的问题勤思、善学、精析、探索与创新,对体育知识、技术技能的原理、结构、过程及特点等进行积极性思维,刻苦学习、研究体育知识、技术技能,深入、精细地分析体育知识、技术技能,探索学习过程中发生的问题,寻求解决问题的途径与方法,从根本上理解与掌握体育知识、技术技能的规律和特征,最后才可能牢固地掌握、应用体育知识、技术技能,在运动实践中逐渐形成良好的运动技能。

(五)传统体育课程教学的直观性原则

直观性原则是指在课程教学中,教师综合应用教学方法与技巧充分地利用学生的感觉器官(指听觉、视觉、触觉等)和过去已有的经验(指对体育知识、技术技能的形象思维和逻辑思维等形成的知识及所形成的技能),运用直观的教学方式传授传统体育理论知识、运动技术的教学原则。

直观性原则是传统体育课程教学中必然遵循的一个重要原则,教师在进行教学时讲解、示范及纠正错误动作时都必须注意遵循教学内容的直观特性,在教学过程中贯彻直观性原则,应注重从教学中的讲解、示范、技术图片资料展示及教学图像的演示等方面切实做好体育理论知识、运动技术的教学。

1. 教师对体育知识、技术技能的分析与讲解要具有直观的效果

在传统体育理论知识、运动技术的课堂教学中,运用体育教学的直观性原则在课堂教学的讲解方面,要求教师对体育知识、技术技能过程、体育知识、技术技能结构、体育知识、技术技能原理和体育知识、技术技能特点的讲解要充分发挥语言的直观效果,运用生动的语言,利用学生已有的形象、逻辑思维能力和过去已有运动技术技能经验,清晰地描述所教的体育理论知识、运动技术。

2. 教师对体育知识、技术技能的正确示范是应用直观性原则最适用的手段

教师对体育知识、技术动作的正确示范是在传统体育课程教学过程的一种最适用、最方便、直观效果最好的教学手段。动作技术的正确示范能够使学生直接感知、理解和获得体育知识、技术技能的正确表象,从而在大脑神经中枢建立起正确的技术概念。

体育知识、技术技能示范的能力是教师必备的基本功,在教学活动中进行示范对教师有较高的要求。首先,教师要正确理解体育知识、技术技能的原理、过程、结构、特点和体育知识、技术技能的重点和难点,然后根据教学的进程与需要做出正确的示范动作,在不同的教学时机与教学目标要求下适时地完成体育知识、技术技能的分解、重点和比较示范,在各种示范动作的演示中要注意示范的位置、示范的方向、示范的速度和示范的规范性等,在某些特定的教学过程中还要进行错误动作的比较与示范。

教师的示范动作要具有规范性,不应致力于运动成绩,要保证示范的成功率和追求示范动作的直观效果。教师在进行体育知识、技术技能的示范时,要充分注意调动学生的视觉、听觉等感觉器官的活动及神经中枢的积极性思维,把语言讲解与规范的示范动作相结合给学生明确的体育

知识、技术技能的直观效果，以促进学生对所学体育知识、技术技能的感知、理解与掌握的进程，从而提高体育课程教学的效率和质量。

3. 充分利用电脑、视频音频设备、图片和教具进行民族传统体育理论知识、运动技术的直观式教学

现代科学技术的发展，尤其是电子技术普遍地应用于教学领域，使体育理论知识、运动技术的直观式教学更具有科学性。电脑的三维动画技术、数码摄像技术、视频音频技术、电影、图片等直观性电化教学设备普遍地应用于教学的过程，使体育课程教学的直观教学手段更为丰富与实用。从正常动作的演示到分解动作的演示，从机体局部环节的单一技术动作到完整动作形式的演示，从静止动作到连续动作形式的演示成现实。在具体进行教学直观演示时，如进行录像资料、技术资料影片、图片等演示或展示时，教师应配以精简扼要、层次清楚的讲解，针对演示的体育知识、技术技能进行分析与引导，以便使学生更快、更好地建立正确的体育知识、技术技能概念，提高直观式教学的效果。

（六）传统体育课程教学的健身性原则

传统体育课程教学的健身性原则是指在教学过程中贯彻"健康第一"的指导思想，以促进学生身体的健康发展，有效地增强学生体质为中心，以学生学习体育知识、技术技能为根本的体育教学基本原则之一。

健身性原则要求教师和学生在参与体育教学活动过程中，从教学目标的制定、教学内容的选择、教学方法的应用、教学过程的调控，都要以促进学生身体的健康发展为中心，学校教育要树立健康第一的指导思想，切实加强学校体育工作，体育课程标准将体育课程定义为以身体练习为主要手段、以增进中小学生健康为主要目的的必修课程。

传统体育课程教学的健身性原则要求教学活动必须促进学生身体的健康发展，从学生生理方面、心理方面和社会适应能力方面得到全面的健康发展，在体育教学活动中贯彻健身性原则要注意以下几方面的问题。

1. 转变传统的体育教学观念，大力提倡健康第一的指导思想

在贯彻健身性原则时，作为起教学主导作用的教师一定要改变观念，

提高自身素质,适应新时代的要求;作为受教育的主体的学生也要转变观念,掌握体育的学习方法,理解、掌握与运用体育知识、技术,形成良好的运动技能和体育锻炼习惯,树立终身体育的意识。

2.在体育教学中对学生进行生理、心理的健康教育

在传统体育教学中对学生进行生理、心理健康的教育被称为"在育体中育心"。我们有计划地、有意识地设计体育活动的情景,和谐有机的、巧妙艺术性的把教材中有生理、心理健康价值的知识内容融入到基础理论与运动实践课堂教学中,通过体育教学活动所具有的对促进人体生理机能、心理素质发展的功能作用,进行生理、心理健康教育,引导和教育学生根据社会发展需求和自身的发展,培养其坚强的体魄和优秀的道德品质。

3.利用体育教学的"集体"效应,培养学生的社会适应能力

教师通过对学生进行合作意识、参与意识、公平竞争、群体意识、道德品质等的教育,培养学生的纪律感、责任感、集体感、荣誉感、归属感、认同感。如采用小组合作、结对学习、游戏活动、竞赛时要充分发挥学生的主体作用,让他们有更多的实践机会在同伴面前展示自己的知识、能力。在体育教学过程中提倡相互观察纠正,鼓励学生合作式竞争,树立学习榜样,利用体育教学的"集体"效应,培养学生的社会适应能力,提高学生在未来社会竞争中的生存能力。

(七)传统体育课程教学的适量性原则

民族传统教学体育课程教学的适量性原则是指教学活动中教师和学生根据运动的实际情况(运动内容、运动方法、运动形式、运动负荷强度、运动持续时间、运动练习总量等),有针对性地运用体育运动内容与方法进行适量锻炼,以促进知识、技能的学习,促进身体健康发展的体育教学原则。

适量性原则的含义包括以下两个方面:

一是体育运动效果的优劣在很大程度上取决于运动的负荷强度和练习总量,如果运动的负荷强度和练习总量太小,则不能引起机体功能变化因此不会使该运动产生积极的良性作用;如果运动的负荷强度和练习总量过大,则会对机体功能产生伤害而导致该运动产生不良的伤害作用。

二是体育锻炼必须量力而行,注意锻炼者的自我感觉并结合体质测评与健康监测。体育运动锻炼是一个科学地促进身体健康发展的过程,在体育教学中贯彻适量性原则时,要特别注重身体运动的负荷强度和练习总量适量,并能促进身体健康发展的基本要求。

教学的过程中运动的负荷强度和练习总量要合适,必须体现身体活动性的本质特点,身体练习的运动内容、运动方法、运动形式、运动负荷强度、运动持续时间、运动练习总量等要以学生身体的承受性相适应,运动的负荷强度和练习总量要合适,以满足学生锻炼身体和掌握体育知识、运动技能的需要。

在传统体育教学中贯彻课程教学的适量性原则,合理安排身体练习负荷的基本要求有如下几点:

1.传统体育教学内容、身体练习的安排要适合学生的学习。

2.运动的负荷强度和练习总量的安排应符合学生的实际情况。

3.教学练习的目的、要求要适合学生的学习。

4.要因人而异地考虑运动量,提高学生适量运动和进行自主锻炼身体的能力。

(八)传统体育课程教学的循序渐进性原则

体育课程教学的循序渐进性原则是指在体育课程教学实践中,教学内容的选择与处理,教学模式、方法、手段的应用,教学程序的设计、教学过程的调控、身体练习的难度、负荷等都必须根据教学的规律和学生具体情况进行教学活动的组织与实施。体育理论知识的教学应体现由浅入深、由表及里,从现象到本质的教学规律。动作技术、技能的教学应由易到难、由简到繁,身体练习的难度应由小到大,动作练习的速度由慢到快,遵循体育动作技术教学的循序渐进原则,有效地提高教学效率和质量。

1. 理论知识的传授由浅入深、由表及里

在传统体育课程教学过程中,教师在帮助与指导学生学习体育知识和体育方法理论时,应在注意教学内容的科学性、系统性基础上,注重知识结构的层次性特征。教学开始时期先从简单的知识传授入手,逐渐深入地进行理论知识的讲解与演示,注意根据学生过去知识经验的基础条件、理解能力和对教学内容的可接受性,由表面知识的讲授逐渐过渡,深入到核心知识的学习与掌握,使学生在学习过程中逐步掌握和应用体育理论知识、体育方法的基本理论。

在运动技术理论教学过程中,教师进行的教学应注意讲解和演示动作结构的表面结构,如动作的过程、动作的形式、动作的速度等表面易于观察和理解的理论知识,使学生根据教师的讲解与演示感知和理解体育知识、技术动作结构的空间与时间特征,技术动作结构的程序与规律,使学生在大脑神经中枢建立体育知识、技术技能结构的表象,形成正确的动作技术概念。

2. 体育知识、技术技能的教学由简到繁、由易到难

在进行传统体育课程教学的活动中,动作技术的教学内容应注意要根据内容的难易程度,由简单到复杂、由容易掌握的技术到较难掌握的技术按其先后顺序进行教学安排。依据体育知识、运动技术教学内容由易到难、由简到繁的顺序教学,有助于学生对学习内容的逐步学习、掌握和应用,符合人体运动技能形成的规律和提高学习效率的教学原理,有利于学生循序渐进的掌握和应用体育知识、方法、技术和形成良好的动作技能。

在传统体育课程教学中,采用循序渐进的教学方式安排体育课程教学的内容主要体现在以下三个方面:

(1)教学内容的顺序由简单到复杂。

(2)教学练习的难度由容易到较难。

(3)教学练习的生理负荷强度、练习的总量由小到大。

　　传统体育课程教学的循序渐进性原则是根据体育课程教学规律和学生运动技能形成规律与特点相结合而形成的教学原则，在体育课程教学的过程中深刻领会和应用体育课程教学的循序渐进性原则，对提高教学质量，促进学生掌握和应用体育理论知识、运动技术，形成良好的动作技能具有重要的理论指导意义和实用价值。

第二章 高校传统体育课程设置的基本理论

第一节 高校传统体育课程设置的理论基础

一、教学系统理论基础

系统理论把体育教学过程视为一个系统,为高校传统体育教学提供了系统分析方法。传统体育教学系统隶属于教育领域这个大系统,它是由被当作体育教学系统的子系统,像教师、学生、体育教学内容、体育教学媒体等这些要素构成的。高校传统体育课程设置需要考虑传统体育这一体育教学系统的特性。

(一)教学系统理论概述

系统(system)是指同类事物按一定的关系相互作用的整体。就其本质来说,系统就是元素及其关系的总和。系统论认为,世界上的一切事物都是作为各种各样的系统而存在的。任何事物、现象、过程都自成系统。一个系统的构成至少要有三个条件:首先,要有一定的元素,系统的主要元素称为要素;其次,要有一定的结构,系统的各元素之间是相互联系的;最后,要有一定的环境,系统是一定环境中的系统,没有环境也就没有系统。

系统理论认为,整个自然界是以系统的形式存在的,是由不同层次的等级结构组成的开放系统,它处于永不停息的运动之中,任何客体都是由诸多要素以一定结构组成的具有相对功能的系统。可见,系统理论为人们进一步认识事物的本质提供了依据,较为具体地说明了物质世界的本质联系,它指导人们去揭示物质运动的规律。

教学系统理论是把整个教学看成一个有机的系统,教学系统有教师、学生、教学内容、教学方法、教学媒体等要素构成,它们都是体育教学系统中的子系统。和其他系统一样,教学系统也具有自己独特的特性。

(二)高校传统体育教学系统的构成

1. 教师

教师是知识的教授者,离开"教师"这个要素,就构不成教学的双边关系,也形不成教学活动。"教师"是高校传统体育教学系统中的要素之一。

在传统体育教师这个教授者中,既包含传统体育知识、运用教学媒体和教学方法的能力等要素,也包含了教师的主观努力程度方面的要素。对教师集体来说,既有青年、中年和老年等要素,又有带头人、骨干和助手等要素。

2. 学生

学生是教学的对象,没有学生这个要素,教学就会变成没有意义的活动。

在高校传统体育教学系统中,学生这个教学对象包含两层含义,首先,就其个体来说,既包含体能结构、智力结构、传统体育知识和锻炼方法结构、运动技能结构、社会适应能力等要素;其次,它包含了学生个体的主观努力程度方面的要素。在传统体育教学体系中,学生群体既是有普遍性的要素,又是有特殊性的要素。

3. 教学内容

对于高校传统体育教学来讲,教学内容是一定体系内的体育与健康科学知识、体育锻炼方法和运动技能体系,主要表现为教材。

离开"教学内容"这个要素,教师不知教什么,学生不知学什么,就构不成高校传统体育教学活动。就传统体育教材本身来说,它不但包含了教授传统体育与健康知识、技能的要素,而且包含了发展学生智力,培养传统体育运动情感,提高学生社会适应能力的要素。

就其与学生的关系来说,既包含了学生已经获得的运动技能,又包含了学生有待发展的运动技能。

4.教学方法

教学方法是指为达到教学目的,教师和学生所采取的方法、途径、手段、程序的总和。

高校传统体育教学中的教学方法体系中的每一类方法(以语言形式获得间接经验的教学方法;以直观形式获得直接经验的教学方法;以实际练习形式形成技能、技巧的教学方法)对提高高校传统体育教学质量都具有特定的功效和重要的价值。当然,在高校传统体育课程的教学方法中,任何一种教学方法都不是万能的,它需要教授者切实把握各种常用的民族体育教学方法的功能、特点、适用范围以及应注意的问题等,并使其有效地应用于高校传统体育教学实践中去。

5.教学媒体

教学媒体是指在教学中师生交换信息时承载和传递信息的工具。高校传统体育教学活动是师生间信息加工和交换的过程,离开了教学媒体,信息交换就会中断,也就无法进行正常的传统体育教学活动。

高校传统体育教学中所涉及的教学媒体不仅包含文字、语言、动作示范等视觉要素,还包括记录、储存、再现这些符号的实体要素,如图片、模型、电视、录像、电影、电脑模拟等,独立成为系统。

在高校传统体育教学系统中,上述五个系统构成因素在高校传统体育教学目标的支配下,共同组成的一个具有整体功能的有机统一体。所不同的只是这五个构成要素的素质和它们的结构各异,以致形成的整体功能有所差别。这一点需要教师在高校传统体育教学过程中尤其注意,应尽量使各要素优化组合,实现高校传统体育教学系统的最佳形式。

(三)高校传统体育教学系统的特性

高校传统体育教学系统是以人的集合为主,包含信息和媒体的复杂

系统。它既有复杂系统的共同特性,又有传统体育教学活动自身的特性,具体如下:

1.目的性

高校传统体育教学系统是为了向学生传播系统的传统体育及健康的科学文化知识而建立的,它有助于学生学会锻炼身体的方法,有助于促进学生身体、心理的全面发展。它明确了高校传统体育教学的目的,有利于提高传统体育教学系统的有序性,使进入传统体育教学系统的各要素具有共同的运动方向,从而能有效地实现传统体育教学系统的既定功能。因此,目的性是高校传统体育教学系统的重要特性之一。

2.整体性

高校传统体育教学系统是一个有机整体,它并不是各要素的简单集合。组成传统体育教学系统的各要素不是孤立存在的,而是为了达到传统体育教学系统的基本功能而紧密联系在一起的。

传统体育教学的整体性主要体现在五个方面。第一,教师是高校传统体育知识技能和锻炼方法的传授者、教学活动的组织者,离开了教师,学生的学习就缺乏引导。第二,学生是高校传统体育的教学对象,一旦离开了学生这一要素,传统体育教师也就失去了特定的施教对象,而只能成为一般的传播者。第三,在高校传统体育教学中,教学内容是教师教和学生学的客观依据,要借助于某些体育教学方法和传统体育教学媒体来传播。第四,作为高校传统体育教学系统的重要构成要素,教学方法和教学媒体二者是相辅相成、不可分割的。传统体育教学系统具有的整体水平的功能是其各个组成部分所没有的,大于各要素功能的简单相加。

3.控制性

由于一个系统要获得所需要的功能,维持正常运行,必须对各要素进行控制。传统体育教学系统既定目标的实现是需要有协调的控制机制的,在传统体育教学系统中,通过传统体育教学评价为系统运行提供反馈信息,使传统体育教学系统做到有效的控制,达到预期的目的,从而实现传统体育教学的任务。

4.反馈性

反馈是指从系统的环境中所收集到的有关系统产物的信息,特别是那些与产品的优缺点有关的信息或者由系统产生的错误所导致的信息。高校传统体育教学系统的控制性决定了其反馈性,因为控制的基本条件是反馈,系统是通过反馈这一环节使自己处于一种相对稳定的状态。为了维持高校传统体育教学系统的平衡和稳定,保证其正常运转,该教学系统必须具备自我调节的能力,而反馈是系统具备这种能力的重要基础之一。

5.复杂性

高校传统体育教学系统的构成要素众多,各要素不同程度地具有不确定性,并且各要素之间的关系纵横交错,所以,高校传统体育教学系统具有复杂性。以体育教师和学生这两个主体要素为例,其教与学的效果取决于各自的知识、技能、传播沟通技巧、身体素质水平、社会和文化背景、教与学的态度等。其相互作用需要由一系列的传统体育教学目标、教学内容、教学原则、教学方法、教学媒体等来维系。

6.开放性

传统体育教学系统是一个开放性系统,因此具有开放性特点。这是因为传统体育教学系统的运行环境复杂,致使体育教学系统的结构和运行过程也都显得十分复杂,它需要通过不断与环境交换能量和信息来实现自我维持,它的构成和运行受社会的政治、经济、科技、文化、教育等发展的约束或影响,并对这些社会因素产生反作用,同时传统体育课程还与健身、竞技体育等因素有着密不可分的关系。这就意味着高校传统体育教学不可能是封闭的、孤立存在的。

7.成长性

目前,社会对高素质人才的要求越来越高,这就意味着高校必须致力于培养高素质的人才来不断适应社会发展的需要。传统体育教育教学也应为培养全面发展的高素质人才服务。在高校传统体育教学系统中,师资水平的不断提高,学生的不断进步,教学内容和方法的不断更新以及教学媒体的更加多样化,都充分说明,传统体育教学系统具有高度的成长性特点。只有具有成长性这一特点,高校传统体育教学系统才能更加完善。

8.动态性

高校传统体育教学系统的成长性决定了高校传统体育教学系统的动态特性,主要表现在以下两个方面。一方面,高校传统体育教育教学工作者必须通过制订一系列的计划、条例、原则来维持传统体育教学系统的相对稳定性;另一方面,高校传统体育教学要不断适应环境变化的要求,创造出新的传统体育教学思想、教学方法、教学模式和教学媒体。只有这样,才能使传统体育教学系统的构成要素表现出一种动态的平衡,从而使传统体育教学得以持续发展。

(四)教学系统理论对高校传统体育课程设置的启发

利用教学系统论的观点来系统地研究高校传统体育教学系统及高校传统体育教学各要素,对高校传统体育课程的设置具有以下启发。

首先,作为一种社会实践活动,高校传统体育教学系统它不仅自成系统,同时也是学校教育系统中一个子系统。因此,要想通过教学来促进最佳教学效果的实现,在教学过程中,教学工作者必须依据系统理论的指导设计出合理的课程设置方案。

其次,依据教学系统理论的思想和观点,高校传统体育教学工作者不仅要把高校传统体育教学过程看成一个系统,还要把高校传统体育课程的设置也看作是一个系统。一般来说,高校传统体育课程的设置包括三个方面和环节,即高校传统体育课程内容设置、高校传统体育教学模式设置、高校传统体育课程设置评价。这三个环节之间关系密切,它们相辅相成、相互影响,共同构成了高校传统体育课程设置这一个大的系统。

高校传统体育课程的设置非常复杂,它受诸多教学要素的影响和制约,要求高校传统体育教学工作者从系统理论所提供的思想和方法出发,了解高校传统体育教学设计各要素的结构、功能和特点并整合各要素的功能,深入分析各构成要素之间的关系,并通过严密地分析和精心地策划,实现高校传统体育课程设置的科学化和合理性。

二、教学理论基础

(一)教学理论概述

教学理论是研究教学本质和一般规律的科学。教学的本质与一般规律是指教学过程的基本性质以及教学过程与教学结果之间的因果关系,即各种教学活动和学习过程、学习结果之间的内在联系。教学的社会职能是传授人类历史发展中积累的社会经验,它必然受社会背景规定的目的和任务的制约。教学理论是通过规律性的认识来确定优化学习的各种教学条件与方法。它的核心问题就是传授什么,如何传授,以及最后在学生身上形成什么样的品质。

以教学理论为基础,高校传统体育课程设置应善于从各种教学理论中吸取精华并加以综合运用,不管是指导思想、课程选择、课程教学程序还是课程教学评价,都应该服务于学生,以促进学生的全面发展和可持续发展为目标。

(二)高校传统体育教学的研究范围

教学理论的研究范围涉及教学基本原理(包括教学的地位和作用、教学目标和任务、教学过程的本质和规律以及教学原则等)、教学内容(课程与教材等)、教学方法(包括教学方法和手段、教学组织形式)和教学评价等方面。结合教学理论的研究范围和高校传统体育教学的特点,高校传统体育教学的研究范围应包括以下几个方面:

1.研究高校传统体育教学的本质,对教学过程的因素、结构及其客观规律进行深入探索。

2.研究高校传统体育教学的价值、目的和教学活动的具体目标,确立正确的价值观,探讨教学目的、目的制订的依据及其与教学活动的联系或关系。

3.研究高校传统体育教学内容,探讨社会、教师、学生与教学内容之间的关系,揭示教学内容的制订、变化和更新的机制,研究课程、教材的正确选择与合理编排的原则和要求。

4.研究高校传统体育教学的模式和组织形式,研究教学的方法和手段,目的是教学实践活动能够建立起规范的制度,提出合理的要求。

5.研究高校传统体育教学评价,探讨教学评价的标准、要求和手段,目的是调整教学活动环节,保证和提高教学质量提供可靠的反馈系统。

(三)教学理论对高校传统体育课程设置的影响

从某种意义上讲,高校传统体育课程设置是高校传统体育教学设计的一个重要方面,结合古今中外教学理论的基本观点进行课程设置具有重要意义,教学理论对高校传统体育课程设置的影响集中体现在以下几个方面:

1.学习需求对高校传统体育课程设置的影响

在高校传统体育教学实践中,学生的学习需要既包括对学习内容的分析又包括对学习者的分析,因此,高校传统体育课程设置必须充分考虑这两方面的内容。

高校传统体育的课程设置要以学生的学习需要为出发点,对学生的综合分析,包括对学生当前的状态和学生特征两方面的分析。研究者认为,在高校传统体育教学中学习需要的主要内容:"学生的起点行为是确定教学起点的基本依据之一,学生特征的分析是决定教学起点的又一基本依据。教学设计者需要关注的学生特征包括:年龄、性别、认知成熟程度、学习动机、个人对学习的期望、焦虑程度、学习风格、经验背景、社会文化背景、以学习为目标的人际交流等。另外,体育教学中还要考虑学生的生理因素和心理因素的多个方面。"因此,高校传统体育课程的设置不是盲目进行的,课程内容选择要适应学生的生理、心理和社会需求。

2.教学时间对高校传统体育课堂教学效果的影响

有学者认为:"如果学生的能力倾向呈正态分布,而教学的种类和质量、学生用于学习的时间量都适合每一个学生的特征和需要的话,那么,大多数学生都能掌握我们所要交给他们的东西。"在高校传统体育课程设置中,教学时间,即一个项目的课时总时长以及每一堂课的教学时间的安排都是非常重要的。

教学时间对教学效果影响对当今我国体育教学实际条件的启示是:进行体育课堂教学设计时必须充分地考虑各种因素,如场地、器材等,最大程度地满足教学的需要。总之,课程设置要体现科学性和可操作性,要真正能够做到使大多数学生掌握所学习的内容,为实现高校传统体育教学目标服务。

3.教学特点和规律对高校传统体育课程设置的影响

高校传统体育教学以室外的身体活动、练习为主,特点鲜明。因此,教学工作者必须对这些特点和规律熟知于心,如在体育教学要素中,教学的物质环境和心理环境十分重要。体育教学工作者必须考虑全面。

三、学习理论基础

学习理论是研究人类学习的本质及其形成机制的心理学理论。高校传统体育教学要根据体育学生的学习需要,为学生确定教学目标,制订教学策略,选择教学媒体,设计教学实施方案,以促进学生学习传统体育项目,提高高校传统体育的教学质量。

(一)学习理论概述

在学习理论中,"学习"泛指有机体因经验而发生的行为变化。不同学派的学习理论对学习的性质有不同的理解和认识。行为主义心理学家认为学习是"由经验引起的行为相对持久的变化"。认知心理学家则认为学习是人的倾向或能力的变化,但是这种变化要能保持一定时期,且不能单纯归因于生长过程。据此,可以认为,"学习"具有三大要点,第一,学习是学生经过一定的练习后出现的某种变化;第二,学生的某种变化应是后天习得的,不是先天的反应倾向或自然成熟导致的;第三,学生的某种变化必须能够保持一定的时期。

高校传统体育课程设置必须建立在学习理论基础之上。学习理论阐述了学习的基本规律,高校传统体育教学中,课程的合理化设置必须遵循学生学习的基本规律,要求教师能有效地创设学习情境,科学地促进学生的学习。

(二)学习理论的功能体现

学习理论具有三大功能,具体如下:

1.学习理论是教学工作者对学习进行科学研究的指南,它给研究者提供了学习领域的知识以及分析探讨和从事学习研究的途径和方法。如阐明了哪些方面值得研究和探讨,学习过程中哪些变量应该受到控制等。

2.学习理论对有关学习法则的大量知识加以归纳和概括,使其进一步系统化、条理化和规范化,便于学生掌握。

3.学习理论要解释学习的发生和发展过程,说明为什么学生的学习效果参差不齐。这有利于教师有针对性地进行课程设置,以促进高校传统体育教学效果的最优化。

(三)学习理论对高校传统体育课程设置的支持

学习理论是研究人类学习的理论,是高校传统体育课程设置的基础理论之一。高校传统体育课程设置必须充分研究学生的体育学习。学习理论共有三大学派,分别为行为主义学派、认知主义学派和人本主义学派,它们研究的方向和侧重点不同,因此对高校传统体育课程设置的理论支持作用也不同,具体表现如下:

1.行为主义学习理论对高校传统体育课程设置的支持

行为主义学习理论的斯金纳程序教学为高校传统体育课程设置的程序提供依据。程序教学从探讨程序学习的主要方式,发展到重视对学生作业的分析、对教材逻辑顺序的研究以及对学生行为目标的分析,然后到考虑整体教学过程中更为复杂的因素,设计最优的教学策略,并在实施后做出评价,使课程教学设计更符合逻辑性。

2.认知主义学习理论对高校传统体育课程设置的支持

认知主义学习理论为高校传统体育课程设置提供科学依据。布鲁纳是美国当代认知心理学的主要代表人物,他认为学习是认知结构的组织和重新构建,在此基础上,他提出了学习的同化原则、结构原则、程序原则和强化原则,并积极倡导发现,要求学生积极主动地探求知识,获得智慧。认知主义学习理论告诉我们,在高校传统体育课程设置中,要重视对学生特征的分析,重视对体育教材内容的分析,充分考虑体育教材内容的知识、技能结构和学生认知结构的协调性,关注课程模式的选择、教学方法的制订和体育教学媒体的选择,以达到以学生原有知识和技能及认知结构为教学起点,保证学生对新知识和技能的同化和认知结构的重新构建顺利进行,保证学生在课堂上能充分发挥主动性,积极地参与教师的课堂教学。

3.人本主义学习理论对高校传统体育课程设置的支持

人本主义学习学说的代表人物罗杰斯提出"以学生为中心"的学说,该学说主张学生要充分挖掘自己的潜在能力,能够愉快地、创造性地学习。人本主义学习理论告诉我们,在高校传统体育课程设置中,教师要重视对学生学习需要的分析,着重分析课程内容,注意教学策略和课堂教学过程的设计,以达到学生通过体育学习获得对自己有价值、有意义的传统体育知识和技能,提高学生的高校传统体育素养。

四、身心发展理论基础

作为高校传统体育教学的对象,学生的身心发展规律对高校传统体育课程的设置具有重要的影响作用,高校传统体育课程设置必须考虑到高校大学生的身心发展特点和需求。

(一)高校大学生的生理发展

1.高校大学生生长发育的规律

人体的生长发育受社会环境、体育锻炼、遗传、营养等因素的影响,个体之间不可避免地会存在较大的差异,但同时也遵循着共同的基本规律。高校大学生生长发育的规律主要包括身体形态、生理机能和身体素质等方面,它们相互依存、相互影响、相互制约。在高校传统体育教学中,学生的生长发育规律与体育课程设置有着密不可分的联系。

高校传统体育教学是以大学生的身体练习为主要手段,其核心是促进大学生的健康、增强大学生的体能,目的是培养大学生的全面发展。高校传统体育课程设置就是为了最大限度为挖掘传统体育教学在促进大学生生长发育、提高大学生身体机能、增强大学生体能等方面的有效性。因此,充分了解高校大学生的生长发育规律,可以为传统体育课程的设置提供基础和条件。

2. 高校大学生身体机能的适应规律

正常个体的机体各器官系统的活动是相互协调、相互制约的,处于相对平衡的状态。适应就是使有机体内外环境不断取得平衡的过程。这种相对平衡的状态是人体生命存在和人体机能正常活动的必要条件,即人体机能适应性规律。身体机能适应规律不但能有效地增强体能,而且能促使有机体的运动系统、神经系统、心血管系统、呼吸系统和能量代谢系统等的机能水平向着有助于健康的方向发展。

身体机能适应规律同样适应于大学生群体,高校传统体育教学活动之所以能通过传统体育活动和锻炼对大学生的有机体进行生物改造,达到增强体能、增进健康的目的,就是因为有身体机能适应规律的存在。

3. 高校大学生动作技能的形成规律

运动学认为,个体的运动技能是一种后习得的能力,是个体按一定的技术要求,通过练习而获得的精确、流畅和娴熟的身体运动能力。运动技能也指在准确的时间和空间里在大脑皮质主导下的肌肉的协调性。运动技能的形成是由简单到复杂的过程,并有建立、形成、巩固和发展的阶段性变化和生理规律。

高校教育教学新课程的内容标准分为五个学习领域,即运动参与、运动技能、身体健康、心理健康和社会适应。其中,运动技能学习领域直接体现了体育与健康课程以身体练习为主的本质特征,是大学生在高校传统体育学习中应该遵守的基本规律之一,也是高校传统体育教学工作者在课程教学中必须遵守的规律之一。

(二)高校大学生的心理发展

高校大学生的心理发展主要包括三个方面,即认知发展、情感意志发展、个性发展,具体如下:

1.认知发展

高校大学生的认知主要包括感知、注意、记忆、思维和想象。一般来说,青少年的认知发展随着年龄的增长而变化,在不同的年龄阶段表现出较大的差异性。高校大学生知识积累丰富、具有良好的逻辑思维能力,认知能力强。

2.情感意志发展

个体的情感具有内隐性及延续性,他们的情感丰富、生动,表现强烈、鲜明,但对情绪、情感的控制能力不够强。随着年龄的增长,人的意志的独立性和坚持性迅速发展,自控能力和果断性也得到提高,但仍具有草率性和冲动性,这一点在大学生身上体现得尤为明显,一方面,大学生作为成年人能较好地控制自己的情绪,另一方面,大学生往往年轻气盛,在受到挑衅和刺激时,常做出草率的决定。

3.个性发展

个体的个性主要包括个性心理特征(性格、气质、能力)和个性心理倾向(需要、动机、兴趣和世界观等)。个体的个性心理特征和个性心理倾向在不同的年龄阶段也具有不同的特点。在大学阶段,大学生已经形成了比较稳定的个性心理特征和个性心理倾向,但仍具有一定的可塑性。

(三)高校大学生身心发展对高校传统体育课程设置的影响

1.高校大学生生理特点对传统体育课程设置的影响

(1)在对学生的学习需要和具体特征进行分析时,尊重学生的生理发展特点,有利于教师准确把握体育教学中存在的问题。

（2）在分析、确定或创编体育教材内容时，考虑学生的生理发展特点，有利于选择最合适的传统体育教材内容，从而有利于实现传统体育教学的任务。

（3）课程内容、课程教学过程设计应遵循学生的生理发展特点，教师应提出适宜的传统体育教学目标，合理安排课堂教学内容。

2. 高校大学生身体机能适应规律对传统体育课程设置的影响

（1）在进行具体的传统体育教学模式、教学方法和教学手段设置时，遵循大学生的身体机能适应规律，使教学模式、方法、手段有利于促进学生体能的增强和活动能力、健康水平和传统体育动作技能的提高。

（2）在进行高校传统体育课程设置时，准确把握大学生的身体机能适应规律，有助于设置出更科学、更有效的传统体育课程方案。

3. 高校大学生动作技能形成规律对传统体育课程设置的影响

在传统体育教学中，课程设置必须遵循运动技能的形成规律。运动技能的形成规律主要影响传统体育课程教学目标的制订、课堂教学策略的选择以及课堂教学过程的组织和实施。只有严格地遵循运动技能的形成规律，才能较好地安排传统体育课程内容、实施和控制传统体育课程教学过程。

4. 高校大学生的心理发展特点及规律对传统体育课程设置的影响

学生的心理发展特点是我们进行传统体育课程设置应遵循的主要规律之一。为了更有效地实现传统体育教学目标，增强学生的健康、体能，使他们掌握传统体育的基本知识和技能，培养他们积极参与传统体育活动的兴趣以及良好的社会适应能力，就要充分了解和掌握学生不同的心理特点。

高校大学生心理发展的特点对传统体育课程设置的影响，体现在以下几方面：

（1）要求教师准确地分析学生的学习需求和特点，准确地确定学生的起始状态，然后为合理安排传统体育教学活动提供依据。

（2）要求教师制订出具体的、可操作性强的传统体育教学目标。

（3）要求教师在课堂教学中，选择或创编符合学生心理特点的体育教材内容，激发学生对传统体育学习的兴趣，调动学生的积极性和主动性。

（4）充分了解大学生的心理发展特点有助于教师设置出高效的传统体育教学模式、方法和手段，为实现传统体育教学目标提供保障。

第二节 高校传统体育课程内容的设置

一、高校传统体育课程内容的选择

（一）高校传统体育课程内容选择来源

1.采纳上级课程文本建议

上级课程文本是国家教育行政部门规定的统一课程和教学内容，它体现国家的意志，是专门为未来公民接受基础教育之后应该达到的共同体育素质而开发的体育课程和教学内容。上级课程文本开发主要根据不同教育阶段的性质与培养目标制订的体育课程标准或教学大纲，以及编写的教学内容。它是一个国家基础教育体育课程框架的主体部分，具有一定的政策性和方向性。

各级各类高校在选择教学内容时应采纳上级课程文本的必要建议，但要结合本地方和本学校的具体情况，不盲目照搬。

2.参考上级课程文本建议

为了做到具体问题具体分析，上级课程文本除了一些指令性的东西外，也考虑到各地的不同情况，希望给地方、学校、体育教师一些自由的空间、自由发挥的余地，所以在某些内容上也没有限制得过死，而是给地方和学校一些建议。

对于上级课程文本的合理化建议，各地方的高校在进行传统体育教育教学过程中可进行适当的参考。

3.修改上级课程文本规定

在我国,上级课程文本的制订都是从全国或全省的整体情况考虑,对全国或全省进行整体规划。所以不可能考虑到每个地区和每个学校的具体情况,所以上级文本必定有不符合地方和学校的具体情况的部分,对此部分应进行必要的修改。

此外,上级课程文本不可能照顾到各个地方、各个学校的所有教学情况,因此它具有较强的概括性,地方和学校应进行相应的条文细化,在进行细化的过程中可结合实际情况进行必要的补充与修改。

需要特别提出的是,各级各类高校在修改上级课程文本时一定不可违背上级的意图、重要的规定与要求,不可曲解上级文本的精神。修改时主要是对上级文本规定的具体教学内容、教学方法、资源配备、场地和人员情况进行改动。

4.延续传统的教学内容

目前,我国大多数高校都开展了传统体育教学,传统体育教学内容在我国的学校体育中延续多年,学校也有许多丰富的场地、器材等课程资源。教师也已习惯了传统体育教学内容,并有许多丰富、宝贵的教学经验可以借鉴。所以在选择传统体育教学内容时,仍可以传统体育教学内容为主,但选择时应注意教育性、健身性、科学性、社会性和趣味性。

5.改造传统的教学内容

就目前我国高校开展传统体育的情况来看,传统体育教学内容有其不可替代的优势,但是某些传统体育教学内容已不适合或者说在某些地方(如规则、技术难度)上不适合现代体育教学的要求。为了更好地发挥传统的传统体育教学内容的优势,使其更好地为高校传统体育教学服务,我们应对其进行适当改造,以适应现代教学的需要。我们应该用简化规则、降低难度、游戏化、生活化、实用化等方法来对传统体育教学内容进行规则、技术难度、趣味性等方面的改造。

6.引进新兴的教学内容

近年来,为了适应社会的发展,有不少传统体育项目进行了创新,新兴的运动项目层出不穷,它们以其特有的趣味性和休闲性为广大人民群众所喜爱。

现代新兴传统体育运动项目进入体育课堂,必将给传统体育课堂教学注入新的活力。但由于许多现代新兴运动项目需要特殊的运动设施或场地条件及安全保护,所以引进现代新兴项目要根据现有的场地器材条件、规则、原理及方法,设计相近似的教学内容,使其在高校传统体育教学中更具适用性和可操作性,并能有效提高学生的身心健康水平。

(二)高校传统体育课程内容选择原则

选择高校传统体育课程内容主要应遵循以下几个原则:

1.与教学目标统一性原则

与教学目标统一性原则是指教师在高校传统体育课程教学实践中所选的教学内容应是被判断具有能完成传统体育教学目标功能的那些内容,而且所选的内容应是健康的、有教育意义的、文明的和有身体锻炼价值的,此外,还要有意识地选择一些有中国特色的、有地方特色的传统体育运动项目进行教学。

2.科学性原则

科学性原则是指教师在高校传统体育课程教学实践中所选的教学内容应是有利于学生身体锻炼和运动技能提高的,并是安全的。一方面,高校传统体育课程教学内容能有效地为增进学生的身体健康服务,有助于培养学生的锻炼能力;另一方面,高校传统体育课程教学内容要保证在传统体育教学环境和条件下实施,同时实施过程要做好安全防护。

3.趣味性原则

趣味性原则是指教师在高校传统体育课程教学实践中所选的教学内容应能被广大学生感兴趣,能使学生在学习过程中体验到运动的乐趣。传统体育运动的乐趣是学生参加学习的动机和目的之一,因此,要在具有目标统一性和有可行性的备选教学内容中挑选那些具有趣味性的传统体育内容,以充分调动学生的积极性和主动性,使学生积极参与教师的课堂教学。

4. 可行性原则

可行性原则是指教师在高校传统体育课程教学实践中所选的教学内容应符合本地区大部分学校的物质条件、教师能力以及学生实际情况。因为再科学的传统体育教学内容,不符合本地区和本学校的实际条件的教学内容应果断放弃。

二、高校传统体育课程内容资源的开发

(一)高校传统体育课程内容资源开发的意义

高校传统体育课程内容资源的开发是高校体育课程改革的重要组成部分,在高校传统体育教学实践中,开发课程内容资源具有以下几方面的意义。

1. 促进教师的专业发展

(1)提升传统体育教师的课程开发意识。

(2)推动教师的传统体育专业成长。

(3)提高教师开发传统体育课程内容资源的能力等。

2. 促进学生的发展

(1)调动学生多种感官参与学习活动,激发学生的学习传统体育的兴趣。

(2)促进学生学习方式的变革,使学生从被动学习走向主动。

3. 促进传统体育课程的发展

推动新传统体育课程标准的顺利实施,为传统体育校本课程开发提供借鉴。

(二)高校传统体育课程内容资源开发的原则

在高校传统体育课程内容资源的开发过程中,应遵循以下原则。

1. 针对性原则

针对性原则是指高校传统体育课程内容的开发要有针对性,具体是

指针对传统体育课程目标,从学生、教师、学校的特点和实际出发进行传统体育课程内容资源的开发。首先,要针对传统体育课程目标进行课程内容资源的开发,要对于不同特定的传统体育课程目标,开发不同的课程内容资源;其次,要针对传统体育课程目标对各种资源进行比较与分析,以便能开发出适应性相对较强的传统体育课程内容。最后,要针对学生的特点、教师特点、学校的特点开发传统体育课程内容资源。

2. 开放性原则

开放性原则是指高校传统体育课程内容资源的开发,要打破时间、空间、学科、领域、途径的界限,尽可能开发利用有益于传统体育课程实施活动的所有课程内容资源。在传统体育课程资源开发中遵循开放性原则,应做到以下几点:即时间的开放性、空间的开放性、学科的开放性、系统的开放性、途径的开放性。

3. 合作互补原则

合作互补原则是指在高校传统体育课程内容资源的开发过程中,要充分发挥传统体育课程专家、教师、学生等人员的作用,充分利用他们的知识、经验、特长以及各自的优势,提高当前传统体育课程内容资源的质量与效果。

4. 开发与利用相结合原则

开发与利用相结合原则是指在高校传统体育课程内容资源开发过程中,不能单纯为开发而开发,要注意使开发与实际利用结合起来,使开发的传统体育课程内容资源通过课程实施的各个环节进入到高校传统体育课堂教学中去,充分发挥其作用与功能,为提高高校大学生的传统体育运动水平和运动素养奠定基础。

5. 时代性原则

时代性原则是高校传统体育课程内容资源的开发必须遵循的重要原则之一,该原则有两个方面的含义:一方面,高校传统体育课程内容资源的开发要反映出现代社会发展的需求;另一方面,高校传统体育课程内容资源的开发要体现出鲜明时代特征。随着时代的发展,新的娱乐、健身、休闲的手段不断地被发明和创造,传统体育课程内容资源的开发应充分体现出时代特征。

(三)高校传统体育课程内容资源开发的方法

现阶段,进行高校传统体育课程内容资源开发的方法有很多,这里重点对筛选法、改造法、整合法、拓展法和总结法进行简要分析。

1.筛选法

筛选法是按照一定的标准从大量的传统体育课程内容资源中,选择出合适的传统体育课程内容的方法。在高校传统体育课程内容资源开发过程中,应按照以下步骤进行合理筛选。

(1)列出课程内容开发清单。尽可能地将所要开发的传统体育课程内容相关资源列出来,以供选择。

(2)确定课程内容的选择标准。开发主体不同、开发目的不同,选择标准也会有所差异,一般要考虑的因素包括国家的教育和体育政策、学校体育的指导思想和目标、体育课程标准、学校的体育环境、师资、教材、学生的特点、具体的课堂教学目标等。

(3)筛选具体的课程内容。按照选择标准筛选出合适的传统体育课程内容,还要尽可能地将筛选法和其他方法结合起来运用。

2.改造法

改造法是指根据传统体育课程具体实施的不同对象和条件等特点对原有传统体育课程内容资源的某个构成要素进行加工、变化、修改的方法。在高校传统体育课程内容资源开发过程中,应按照以下步骤进行具体的改造。

(1)分析学生的特点和学校的条件。分析学生的年龄、性别、兴趣、爱好、生理发育特点、心理发育特点、生活经验基础以及学校的场地、器材设备条件等,通过分析,以确定改造的具体内容和方式。

(2)分析传统体育课程内容资源的构成要素。传统体育课程内容资源,都是由一定的基本要素所构成,改造的本质就是不断变化、加工和修改这些要素。

(3)对传统体育课程内容资源的构成要素进行改造。按照一定的目的和原则对传统体育课程内容资源的构成要素进行改造。

(4)对传统体育课程内容资源进行重构与修改。对改造后的传统体育课程内容资源进行重新构建,运用于传统体育课程的课堂实施,在了解其效果和存在的主要问题后,并进行适当修改。

3.整合法

整合法是将各种传统体育课程内容资源的某些要素通过一定的方式有机地结合在一起,从而形成新的传统体育课程内容的方法。在高校传统体育课程内容资源开发过程中,应按照以下步骤进行科学化整合。

(1)确定整合目的。确定高校传统体育课程内容资源整合的目的主要有三个:一是为了发挥体育课程内容的多种教育功能。二是为了增加体育课程内容的趣味性。三是为了提高体育课程内容的适应性。

(2)确定整合方式。教学实践表明,高校传统体育课程内容资源的各要素之间有多种整合方式,因此,有必要对整合的要素进行精心选择和设计,并在确定整合的方式时对所要整合的传统体育课程内容资源的要素特点进行分析。

(3)进行资源整合。在整合之前运用改造方法对高校传统体育课程内容资源的一些要素进行必要改造,以便使整合后的传统体育课程内容具有更强的适应性。

(4)检验与修改。将整合后的内容通过教学等途径实施,以检查其可行性和发现所存在的问题,然后再做一定调整。

4.拓展法

拓展法是指对原有的传统体育课程内容资源在形式、具体内容及功能等方面进行扩展、补充,使体育课程内容在具体内容和形式上更加完整,在功能上更加全面的方法。在高校传统体育课程内容资源开发过程中,应按照以下步骤进行适当的拓展。

(1)对高校传统体育课程内容资源的性质和特点进行分析。具体来说，主要是分析体育课程内容资源的内容结构、呈现方式、主要功能等方面的特点，以便为在资源开发实践中对内容拓展提供依据。

（2）对拓展的具体课程内容进行分析，寻找拓展的空间。即考虑从哪些方面进行拓展，是进行内容结构拓展，还是呈现方式或主要功能的拓展等。

（3）对传统体育课程内容资源进行拓展尝试。充分利用学校、社区和家庭的各种条件，如图书馆、资料室、网络、书店等，并注意对拓展的内容进行必要的筛选、改造，使其具有可行性和可操作性。

（4）整理、实施与总结。对拓展后的课程内容资源通过课堂教学实施，并对实施的情况进行总结，还要分门别类进行整理。

5. 总结法

总结法是指对体育课程内容开发实践中的各种经验、成果等进行回顾、分析和反思，以归纳出具有典型意义的体育课程内容的方法。在高校传统体育课程内容资源开发过程中，应按照以下步骤进行归纳总结。

（1）对高校传统体育课程内容资源开发的过程进行反思。即对传统体育课程开发过程中的各种经验、心得、教训等进行反思。

（2）形成规范的文字材料。在进行反思的基础上，用报告、小论文、学术论文及专著等形式对反思的结果进行反映。

第三节　高校传统体育课程设置的评价

一、高校传统体育课程设置评价方案的制订

（一）确定收集资料的类型

高校传统体育课程教学设计方案试用阶段，应收集的反馈信息如表2－1所示。

表 2-1　课程设置方案反馈信息类型

反馈信息类型	主要目的	表示方法	数据来源	备注
学生的学习成就信息	了解学生达到课程教学目标的程度	数据	对学生的一系列测试、操作、观察、作业等	在收集反馈信息时,至少应用两种评价工具,以保证收集可靠的信息和足够的信息量。
课程教学过程信息	了解教师在试用课程教学设计方案中的问题	数据	对课程教学活动展开的观察和学生在课程教学过程中的反应	

(二)制订信息评价标准

在解决了收集哪一类型信息的问题之后,就应建立解释这些信息的标准。由于传统体育课程教学设计的评价指标的本质是所有评价因素的集合,因此,在制订高校传统体育课程教学设计方案相关信息的评价标准时,必须充分考虑到这些因素之间的主次关系,对这些因素进行定量赋值或定性描述,这样才能较为准确地将所有相关信息的评价标准准确确定下来。

在高校传统体育课程教学设计方案制订过程中,相关信息的评价标准应包括以下几方面:

1.教学目标的评价标准:不仅要恰当、具体,还要符合《体育与健康课程标准》的要求,更主要的是与学生的实际情况相吻合。

2.教学内容的评价标准:选择恰当,安排合理。

3.教学方法的评价标准:能促进学生学习的主动性和积极性。

4.教学活动的评价标准:体现"以学生发展为本"。

5.教学形式的评价标准:符合教学要求。

6.教学媒体的评价标准:选择适当,使用有效。

7.教学过程设计的评价标准:归纳为三大"符合",即与学生学习规律相符合、与人体生理机能活动能力变化的规律相符合、与学生身心发展的规律相符合。

8.教学效果的评价标准:教学效果要好。

（三）选择被试人员

不同的体育项目教学具有特定的特点，与一般的体育课程设计方案的试用不一样，高校传统体育课程教学设计人员设计的方案不能随便将参加的教师或学生定位为被试人员，而是应该有针对性地选择相对比较合适的被试人员。

在对传统体育课程教学设计方案进行形成性评价时，只能在学生和教师中间挑选少数的一些样本来作为实验的对象，不会将所有的学生和教师都拿来做实验的。但是，这些样本不是随意抽取的，而是选择比较具有代表性的。就学生来说，要选一些学生样本，就要求他们必须具有处于日常状态的认识水平和能力，换句话说，就是每个年级不同层次水平、能力的学生都要有，不能只选择某一层次的。

具体来说，在被试人员的选择过程中，会采取随机抽取一定的被试人员后，再根据具体情况稍作调整的方法来确定被试人员。此外，一定要注意选择那些语言表达能力比较强的被试人员。

（四）阐明方案试用的背景条件

在高校传统体育课程教学设计评价过程中，试用设计方案的背景条件主要包括两大方面内容。具体如下：

1. 设计者应说明的一些必要的前提条件。比如进行试用课程教学设计方案的具体条件是什么，应具备或提供什么条件优势，并将受到什么样的条件限制等。

2. 明确说明传统体育课程教学设计方案的试用过程如何展开和进行。比如以什么样的方式开始、以什么样的方式结束、中间要经历的环节有哪些、各个环节之间应该如何排列如何衔接、学生要做哪些事情、教师又要做哪些事情等。

（五）评价方法的选择

在高校传统体育课程教学设计方案的形成性评价中，常用的评价方法主要有测试法、调查法和观察法三种,评价者可结合具体情况进行选择。

1.测试法

测试法是指通过运用相应的一些器材、方法,并设立一些相应的试题或项目要求来对学生的行为样本进行测量的系统程序的方法。这种方法的适用范围比较广,比如收集认知目标、动作技能目标、体能目标等的学习结果资料,也就是平时指的考试、达标等。

2.调查法

调查法这一方法主要包括问卷法和访谈法两种具体的方法。首先,问卷法是以书面形式间接地向学生提问一些需要获取信息的问题,并且从所获取的答案中获取有效信息的方法。其次,访谈法则是以面对面的形式或座谈的形式来直接获取信息资料的方法。调查的适用范围主要是收集情感目标的学习结果资料。

3.观察法

观察法是以达到某种评价目标为主要目的,通过体育教师对学生的行为和所处的环境进行仔细的观察,并将所观察的内容记录下来,从而获取必要资料的方法。在课程设置评价方案方法的选择上,观察的适用范围主要是收集动作技能目标的学习结果资料,例如,平时我们用的技评就是观察法的一种。

二、高校传统体育课程设置评价资料的收集和分析

评价资料的收集和评价资料的分析二者的性质是不同的,其中收集是手段,分析是目的,但两者在传统体育课程设置评价过程中几乎是同时进行的。即对已制订的传统体育课程教学评价方案进行试教,在试教的同时进行观察。具体来说,高校传统体育课程设置评价资料的收集和分析工作步骤具体如下:

(一)向被试者说明须知

向被试者说明评价须知是在高校传统体育课程设置评价资料的收集

和分析的第一步。开始传统体育课程教学前,要对被试者对体育课程教学设计方案的大体情况有一定的了解。比如试用目的是什么;试用活动的程序和试用所需的时间;被试者将会进行活动的类型以及活动中的相关注意事项;哪些资料是需要收集并被分析利用的;试验时应持什么样的态度以及如何反应等,这些问题都需要详细说明。

(二)试行教学

试行教学是具有试验性质的体育课程教学,实行教学具有以下特点:

首先,可复制性是试行教学的特点,也就是说,已用的教学方式对其他学生也适用。而且,只要他们保持与日常学习相近的状态,其所获得的教学效果也会接近常态。

其次,典型性是试行教学的重要特点之一,这一特点使实行教学的推广价值得以充分地实现。

在进行试行教学过程中,课程教学活动的背景要以客观为主要依据,不要以人为设置来取代,否则就会造成为试用而试用,无法取得真实客观的教学效果和反馈信息。

(三)观察教学

在传统体育课程教学的试行阶段,评价者应做好观察工作,比较重要的教学情况则需组织部分评价人员在适当的地方对传统体育课程教学过程进行详细的观察,并根据一些具体的情况进行有针对性地记录。一般来说应记录以下内容:

1.传统体育课程教学活动总共用了多长时间。

2.教师指导传统体育课程教学内容的学习方式主要有哪些,哪些较为合适。

3.学生提出的问题有哪些,这些问题具有的性质是什么,问题的类型具体有哪些。

4.教师对这些问题的处理方式是什么。

5.在传统体育课程教学各阶段中学生各方面的变化如何,比如注意力、主动参与性、情绪反应、思维活跃程度的具体变化等。

6.充分了解学生在课内完成的传统体育练习情况,并据此来对学生所学内容的掌握程度进行科学、合理的确定。

(四)后置测试和问卷调查

完成传统体育科学设计成果试用和观察工作之后,接下来通常会比较及时地进行某种形式的测试和问卷调查。测试和调查的工作内容是不同的,二者的区别如下:

1.测试:工作内容是对学生的学习结果资料进行收集。

2.调查:主要工作内容是对有关人员对体育课程教学过程的意见进行收集。

三、高校传统体育课程设置评价资料的整理和分析

将通过收集的资料观察、调查和测试所得的资料,通过有目的的整理和分析,得出评价结果。为了能够更好地对评价资料进行整理和分析,将需要进行分析的评价资料做相应的汇总和归纳。资料分析的主要步骤如下:

1.将各类数据与评价标准进行比对,并对对比出的各种现象以及它们之间的相互关系进行考察。

2.初步分析之后,通常会发现一些较为重要的问题,这就需要对这些问题进行较为恰当、合理的解释。

3.将以上的初步分析结果与专家学者的评论结果综合起来,进一步深入分析评价,并在不断地深入分析过程中,做好一定的修改方案的准备。

四、高校传统体育课程设置评价的结果报告

一般的体育课程设计对于评价结果的报告是可有可无的,也不做具体要求,但是,对于较为重要或较为复杂的体育课程教学设计来说,是不

能省去这一步的。

在高校传统体育课程设置评价过程中,传统体育课程教学设计方案不一定马上就能进行修改,或者修改工作由其他人来做,这都使得试行和评价的有关情况和结论必须有一定的保留,否则会随着时间的推移将这些结论遗失,这也就决定了必须将这些试行和评价的有关情况和结论形成书面报告,高校传统体育课程设置评价结果的书面报告内容主要包括以下几个方面:课程教学设计方案的名称和宗旨、使用的范围和对象、试用的要求和过程、评价的项目和结果、修改的建议和措施、参评者的名单和职务以及评价的时间等。

需要特别注意的是,对于课程设置评价结果的书面报告的书写,不仅要包含以上各项内容,还要求简明扼要,对于需要的其他具体资料,可在附件中提及。

五、高校传统体育课程设置评价方案的修改和调整

在高校传统体育课程教学实践中,只有在分析、综合中不断对课程教学设计方案进行修正和完善,才能取得较为理想的设计方案利用效果。当前在传统体育课程教学实践过程中,课程教学评价方式多样,其具体操作如下:

(一)简要操作流程

一般来说,在大学新生入学后,首先要对学生的基本情况进行初步了解,这一过程的时间为 2～4 周,了解的方式主要是观察、检测、问卷调查、访问等,同时还要做好记录,并根据初步了解的情况将学生分组归类。传统体育课程设置评价随着传统体育课程教学的开始同时进行,不能脱离课程教学的整个过程。

(二)具体记录标准

1. 体育与健康课程成绩的计算方法

体育与健康课程成绩(100 分)=身体基本活动能力成绩(50 分)+运

动参与成绩(50分)

2.身体基本活动能力成绩的计算方法

身体基本活动能力成绩(50分)＝活动过程评价(10分)＋成绩进步奖(10分)＋项目考核(30分)

3.运动参与成绩的计算方法

运动参与成绩(50分)＝出勤情况(10分)＋课堂表现(20分)＋课外活动、两操(10分)＋自选项目(10分)

(三)进行评价总结

评价和总结是改进教学的有效手段,它应该贯穿于教学活动的始终,评价除了提供教学效果的信息,促进教师改进教学的作用外,还具有激励学生学习动机的作用。评价促进学习动机通过两种方式,一种方式是通过提供应努力争取的,即时的、可达到的目标方式;另一种方式是通过提供有关学习进步信息的方法,考试结果向学生不断提供学习成败的反馈,这些反馈强化了正确的反应,确认了应当纠正的错误从而促进学习。因此,在传统体育课程设置的评价过程中,要充分发挥教师的指导作用以及学生中骨干的带头作用,制订可行的、科学的、合理的、符合实际情况的评价方法,并结合评价情况进行归纳总结。

总之,高校传统体育课程设置评价是体育教学设计的最后一个步骤,它不仅能有效的检查和发现传统体育教学方案中的不足,还能够及时地提供反馈信息,从而改进和完善教学设计方案,进而优化整个教学过程。

第三章　多视角下的
高校传统体育教学模式

第一节　文化视角下的高校传统体育教学模式

　　自进入 21 世纪以来,培养具有健康体魄、良好素质的人才是高校的义务和责任。体育教学已成为我国高等教育中的一项重要的教学内容,体育课程的开展不仅可以提高大学生的身体素质,提升健康水平,还有助于塑造大学生健全的人格,促使其身心健康的发展。将文化传承纳入体育教育中是体育改革的突破点,这样不仅能够完善体育结构,还可以增加学生对体育的兴趣,有助于推动体育教育向前发展。

　　因此,在进行高校传统体育教学模式改革时,要充分地挖掘教学资源,进而避免因错误的教学方法而产生文化多元整体性被割裂进行正确的行为指定工作。只有这样才能让传统体育教学资源充分发挥自身的作用,进而对传统体育的发展产生直接的影响。

一、文化传承与体育教育模式的关系

(一)体育文化传承

1.文化及体育文化

　　文化是社会演变和发展中的精神、物质、财富和制度的总和,而文化传承是精神与物质财富经历世代相互承接和传递的过程,它是文化发展的驱动力。与广大文化一样,体育文化是经济和身心发展到一定阶段的产物,是体育的精髓和本质。体育文化是由精神文化和物质文化组成的。

精神文化包括体育知识、规则、意志和智慧等精神层面的文化；物质文化包括体质、器材等物质文化，精神文化和物质文化共同构成了体育文化。

2.体育教学

体育教学是指在教学理论和思想的指导下，确立较为稳定的教学活动和教学内容。主要由三个部分组成，教学体系、教学结构和教学思想。教学结构起着骨架的作用，教学体系起着"肌肉"的作用，而教学思想则是"神经"，连接结构和体系并贯穿其中，使两者得到平衡，协调发展。

（二）文化传承与体育教育模式的关系

1.文化传承与教育的关系

"文化传承"是指文化在一个人们共同体的社会成员中纵向交接的过程。这里有两层含义，一是对传统体育项目，进行挖掘研究，择其善者应用于高校教学；二是指传承传统体育技术蕴含的民族传统文化，具体是其中蕴含的"天行健，君子自强不息"的进取理念，"上善若水，厚德载物"的道德价值追求。"传统体育"是承载民族共同心理素质和审美情趣的，具有浓厚民族传统特色的健身、娱乐等体育活动的总称。它包括武术、龙舟、毽球、舞龙、舞狮、摔跤、摆手舞、秋千等。传统体育是中国传统文化的重要符号，具有浓厚的民族文化特色，凝聚着民族智慧和精神，是文化认同和民族复兴的力量和源泉。

体育文化中重要的组成部分就是教育。文化传承和教育密切相关，教育是指能够增进人们的知识和技能，影响人们思想品德的活动。教育是文化的一部分，使文化成为一个连续不断的过程，有传播、选择、创造文化的功能，包括家庭教育、社会教育和学校教育。高校传统体育教育包含教学模式等内容，位于学校教育的顶端，是连接学校和社会的节点，是学校教育传承的关键。从显性角度来看，体育技术和技能构成了体育文化的显性部分，思想、审美以及精神则是隐性部分。不论是显性还是隐性，都潜移默化地影响着教学方法和内容。

2.技术教学和文化的关系

技术是教学模式的要素之一，技术和文化的关系是辩证的。技术这里指科学合理利用身体,完成体育动作的方法,是运动能力高低的决定性因素,包括身体姿势、动作轨迹、动作时间等要素。从广义上讲,技术也是一种文化。没有离开技术的文化,也没有离开文化的技术。技术是文化的基础和动力,文化是技术的发展方向和目的,两者只有相辅相成,才能可持续发展。

技术教学和文化教学的关系也是辩证的。文化教学需要技术来充实、支撑,而非空洞的说教或者纯粹的理论讲授;技术教学需要文化来提高、升华,而不单单是浅层次的技术方法传授或技术效度的评判。技术传承的最终目的是文化传承。传统体育都表现为身体技术的运用和文化风格的体现,其中技术传承和文化传承并不矛盾,但由于种种原因,以往技术传承所包含的文化传承被严重忽视了。

二、建构高校传统体育文化传承教学模式

(一)建构以文化传承为目的的教学理念

文化人类学观点认为每种文化都有其独特价值,要珍视它,传承它。必须认识到传统体育首先是一种文化现象,其次才是一种体育活动,技术的传承服务于文化的传承,是用融于血的文化的情怀去对待它,还是用肤浅的肢体语言去描绘它,效果是截然不同的。换言之,传统体育不同于其他体育项目,文化内涵丰富,不能局限于技术文化的体育学习,还要重视其文化内涵的传授和民族精神的涵养。

(二)建构文化特色鲜明的课程体系

1.挖掘整理传统体育课程资源

保持竞技性和非竞技性、隐性课程和显性课程之间合理的张力,运用元分析的方法,结合社会实践,逐步完善课程体系建设。所谓元分析的方法,就是一种定性和定量结合的办法,重点强调对事物发展过程自身的一种认识过程。在以竞技性传统体育发展学生身体素质的同时,为非竞技性留有空间,重视隐性课程物质、精神、行为层面的建设。目前我国存在

国家性课程、地方性课程和校本课程三种类型,国家性课程要重视宏观和示范性指导;地方性课程和校本课程则着力提高适应性,尽量突出地域特色和风格,为传统体育的地域特色和千姿百态提供保护和发展的空间。

在传承的内容、标准、范围和筛选问题上,要充分吸收教育哲学、学习理论、教学理论知识。但就项目选择的原则上,可遵循体育地理学原理。根据体育文化区划原则,传统体育大体上可以分为东北、西北、西南、中南、中东等五大体育文化区,每个体育区都有典型的传统体育项目。各地高校要选择富有地域特色,简单易学,健身效果好,在当地具有一定习练人群,契合当地地理环境和气候条件的项目,然后争取逐步扩大推广范围和影响。这样可以促进当地传统体育的发展,又能提高当地高校学生的民族文化认同感,使传统体育成为对高校学生进行人文素质教育的良好手段。例如,湖北民族学院结合当地实际开展了毽球、高脚竞速、打陀螺、板鞋等十余种项目,还被设为打陀螺培训基地,形成高校与地方文化发展良性互动的局面。

尤其是在少数民族聚居区的体育院校,更应该将传统体育课程列入教学计划,开办传统体育专业,培养传统体育专业的复合型人才。西南地区地形地貌复杂的,传统体育资源丰富,值得深入的研究。

2.创新传统体育文化资源

传承绝不仅仅是习得,更重要的是有所创新,使知识增益。高校除了要发挥人员高文化素质、科研优势,对传统体育资源进行挖掘之外,还要积极创新。北京体育大学经过三年间的大量比赛和实践,反复研究、整理、创新,终于完善蹴球比赛规则,让古老的蹴鞠运动焕发新的生命,也为其在民运会和高校的传承中做出贡献。1949年以后,毽球、抢花炮、打陀螺等都经过改造创新并取得了一定成效。

3.构建传统体育教育网络资源

高校在整个教育阶段中和社会的联系最为密切,和家庭文化传承、社会文化传承相辅相成。当代传统体育教育问题决不能局限于依靠学校来解决,而应该在更大的空间内思考和解决,将图书馆、网络等都视为高校传统体育的联合体,其中蕴含着丰富的课程教学资源。同时,还要通过各种途径提高教师专业能力水平,包括各种培训、交流,加强和地方传统体育传承人的联系等。

(三)建构渗透文化教育的教学方法

1.保持文化特色的分层教学

我国民族体育项目众多,各地高校要选择切合本校办学条件和学生实际的项目,进行合理设计,同时也要保持项目的核心特色,要设计健身娱乐型、攻防技击型、艺术表演型等类型,以满足学生不同需求。具体实施途径可以通过必修课、选修课、课外活动、学校社团等途径开展。例如,武术课设计要保持攻防文化特色,同时兼顾健身娱乐和艺术展演,要改变基本功、基本动作等各行其是,以技术性学习为主的模式,而进行技术文化并重,基本功、基本动作、徒手实战和器械实战、套路演练纵向贯穿,不同学段横向展开的综合分层教学。

2.以学为中心的主体启发式教学

教学要以学生的学为中心,设计合理的教学方法。要选择适合大学生练习的,动作朴实、难度不大的民族体育进行教学传承。

大学生有一定的知识水平和思维能力,可以启发学生思考动作原理,让学生不仅知其然,还要深究其所以然。以武术为例,为何八卦掌、太极拳等都强调练习整体的劲,出拳迅速,"出手不见手",发力干脆?让学生联想中学物理动量定理,思考后,教师进行分析:被击打的物体受到的冲量等于施力物体动量的变化,受到的力与施力物体的速度成正比,与撞击一瞬间的时间成反比。出拳时蹬地、转跨、拧腰、顺肩,把整个身体的劲力通过手臂发送出去,这就是整劲,主要是从增加质量的角度出发;"出手不见手"出拳迅速,是从提高速度的角度出发,发力干脆是从缩短发力时间的角度出发。总之,一切为了提高击打力量。

3.重视体育基础理论和文化教育

传统体育有德育、智育、健体、审美教育、哲学文化教育等功能,学习过程中不仅要重视体育理论课的学习,还要注重项目相关的文化学习,以实现文化传承和弘扬民族精神。

例如,武术教学中学生会提出为什么弓步、马步姿势那么低,要求那么规范?为什么冲拳横平竖直,保持一定的静止姿势?套路是用来整体技击的,还是拆开的?等等。这些说明学校武术被深深地打上竞技武术套路的痕迹,也体现了学生对武术发展的脉络不清楚。实际上,整个武术发展史可分为三个阶段,即简单实用的阶段、拳派林立阶段、体育化和多元化发展阶段。从武术体育化进程开始,我国的武术则向多元化发展,依据价值功能的不同分为三大类,即攻防技击类、艺术展演类、健身类。

中国武术厚德载物的文化品格很突出。要把武术礼仪贯穿教学始终,学拳时,先学抱拳礼,学器械前,先学器械礼。教学中贯穿文化内涵教育,如递送器械的方式就有讲究,呈剑时要双手相捧,横递、剑首朝左,这样有利于受剑者右手接剑,又可以避免呈剑者行刺之嫌。讲解武术动作名称时,要贯穿文化想象和美学教育,如"霸王举鼎""力劈华山"等都有丰富的文化内涵。竞技化武术改变了原有武术名称,也改变了武术的文化想象,如以"仆步穿掌"代替"燕子抄水"。

讲解舞龙舞狮、气功、太极柔力球等传统文化色彩较浓厚的项目时,要渗透文化教育的内容,使学生在了解传统体育的多姿多彩,学习技法的同时,感悟传统体育的博大精深,掌握技法背后的民族政治、经济、风俗习惯等知识,增强民族自信心和民族自豪感,进行爱国主义教育。

此外,在教学评价上,要加强传统体育技术文化理论的综合考核探索新的评价激励模式。例如,武术可经常开展学校武术比赛,实行武术达标,设置学校段位制。实行武术达标是为了保证学生必须达到底线,举行武术比赛、设置段位制是为了提高学生的学习积极性,增强其进取心。优化教学环境,保持稳定的经费投入,补充器材,改善场地设施,把大学生课堂教学和课外活动、社团学习、文化讲座等活动结合起来,以整体促进文化传承的氛围和效力。

第二节　素养视角下的高校传统体育教学模式

一、身体素养视角下高校传统体育教学模式的构建

(一)身体素养的概念阐释

关于身体素养的概念,不同学者有不同的理解,最为广泛理解和接受的是由英国学者玛格丽特·怀特海德提出的,并为 2013 年成立的她本人担任主席的"国际身体素养协会"所采用的概念,即"身体素养是为了生活而重视并承担参与身体活动的责任所需要的动机、信心、身体能力及知识与理解"。①

我们可以对身体素养的定义进行如下解释:首先它表现出来的是一种身体能力,是我们生活所需要和必需的,是在身体活动过程中表现出来的速度、耐力、柔韧及平衡力和全身协调等。这些不完全是天生的,可以通过教育而习得,是连续的、不断完善的。其次,身体素养还是参与者的一种内在的情感需要,是自发自愿的,整个过程充满吸引力和乐趣,这种内在的动力始终激励着身体活动者去忘情的投入和不断探索。再次,信心,即身体活动者有较高的身体自尊与自信,不论整个活动过程多么的曲折和艰辛,环境和场地及具体项目多么的陌生,他都始终相信自己能够完成。换句话说,就是身体活动者无论什么情况下对自己的身体能力都有足够的信任。最后,认知,即对身体、身体活动及活动内容有较好的理解力和认识力,能够积极应对,能根据所拥有的知识进行概念的迁移,从而很快的应对。

我国著名学者任海认为,身体素养概念的提出可以为终身体育的实现提供可操作的具体途径;可以将各个阶段学校体育的目标串联起来,使

① 任海.身体素养:一个统领当代体育改革与发展的理念[J].体育科学,2018(3):3—11.

之具体化；使群众体育和竞技体育互相包容，相互关联和衔接，不再界限明显；可以使生活和体育水乳交融，相互渗透，生活体育化和体育生活化；同时身体素养的出现还为决策者制定有关的体育政策提供了理论依据。[①]

可见，在休闲时间日益剧增的坐姿时代，体育素养概念的提出，为大众体育和学校体育提供了具有可操作性的具体途径。拥有了较高身体认知、动机、能力和自信的公民，日常生活不再只有电视和手机。体育融入生活，公民拥有了五彩斑斓的活动内容，身体素质将进一步提升，慢性病和亚健康状态将得到改善。

（二）身体素养视角下高校传统体育教学模式的探讨

1.改进教学方法

（1）要领法。谁要练，谁要学，谁要说。教师要对所设传统体育项目的每一招式和要点进行总结，在教授的过程中讲解并复述给学生。学生在练习的过程中进行复述，熟读背诵烂熟于心之后，在练习的过程中无意识地就会想起并注意到动作要领。这也使学生在习练过程中精力集中，习练效果得到提高。这一教学方法也吻合了身体素养中身心合一、身心一元的具身认知论。在传统体育项目的习练过程中，身心交融，合二为一，身体的感官系统和意识相互补充，互相依存。

（2）动作分解法。由于传统体育项目学习的时间通常较短，有些教师为了赶教学进度，忽略了手法、步伐、准备活动等专项素质练习，效果却适得其反。在教授新课之前，教师可以在准备活动中将本节课用到的或者将来要用的动作进行分解教学，这样学生学习新课的时候就不会感到复杂而难以接受，还可以提高学生对传统体育项目的认知和学习兴趣。

（3）根据体育项目调整教学节奏。传统体育项目的整体习练节奏因

---

① 李嘉.身体素养视角下对小学生身体活动现状及体育行为习惯养成的研究[D].北京：北京体育大学，2017：34.

项目而异,如果整堂课按一个节奏进行教授下来,学生的精力难以一直集中,学习效果就会打折扣。教师教授的过程中可以不断改变节奏,遇到技击性强的动作,学生兴趣很浓,可以慢慢地教授;遇到动作缓慢的招式,学生精神容易涣散,可以加快节奏,强迫学生精力高度集中。快慢结合的教授方法使学生的精力始终处于紧张状态,教学效果也会大大提高。

(4)将适宜的小游戏等融入准备活动,增加学生学习传统体育项目的动机。准备活动中可以增加一些适宜的小游戏的练习,这些练习能够使学生熟悉传统体育项目的节奏和韵律,培养他们"阅读环境"的能力,从而熟悉这些套路,掌握传统体育项目所需要的身体灵活性,学习时就能建立自信,身体自尊也会进一步提高,学习起来就会如鱼得水、游刃有余。

(5)差异性。学生成长的环境不同、身体素质不同,在学习传统体育项目时难免会具有差异性。教师应根据学生的差异进行教学方法的选择,可以是教师统一教授再分别指导,还可以是学生之间互相观看、互相模仿、相互点评和指导。

(6)遵循生理运动规律。每一项运动项目的教学都要遵循人体固有的生理规律。在教授过程中要做好对身体各组织和关节的保护,科学的学习和训练才能保证健康的练习者长期进行传统体育项目的练习。

(7)教与学的顺畅沟通。在课堂教学过程中教师是主导,但是受教对象大学生也有很强的主体意识。在整个教学过程中,在教学进度、教学方法、教学节奏等的把控方面,教授者和学习者要有顺畅的沟通,保证教学有量更有质,使学生和教师都终身受益。

2.建立共享传统体育项目公众号和小程序

"共享单车"在全国成功推行,"共享"时代也随之到来。我们可以依托高速发展的互联网技术,建立共享传统体育项目的相关公众号和小程序,利用此程序使传统体育项目的相关知识和视频在高校校园中普遍传播。这类公众号可以很好地对传统体育项目进行宣传和推广,普及传统体育项目的起源、发展、功效、运动损伤的防护等科学常识,并且共享传统体育项目大师讲座和大型演出信息。

传统体育项目相关小程序可以共享传统体育项目大师的教学视频及精彩的传统体育项目比赛视频，吸引大众的目光。

3.建立以课堂教学为基础的 n＋1 模式

将传统体育项目课堂教学、学校传统体育项目协会训练及校级运动队训练有机地融为一体，在科学的教学原理的指导下有计划地将课堂教学、课余训练、校外竞赛有机结合起来，使传统体育项目不断拔高、提升，获得深厚的群众基础，从而得到广泛的认可、开展。

4.考教分离的结业方式

高校现有的考核方式大多是刻板的教师随堂考核，很少能激发学生学习传统体育项目的自发性。因此，我们可以以传统体育项目比赛的形式、表演的形式、教师班级互换监考等形式来作为学习结业的方式，提高学生对传统体育项目练习的主动性。

二、人文关怀视角下高校传统体育教学模式的探讨

（一）人文关怀视角下高校构建传统体育教学效能模式

一是合理安排教学内容，加强传统体育项目的文化内涵研究，提高课程资源效能。

首先，教师应悉心钻研、分析和处理教学内容，做到合理取舍，把握传授内容的知识点、重点和难点。同时，加强与其他国家竞技体育项目的横向比较，了解其纵向的发展历史和现状，适度调整或重组有关内容主题，并渗透相应的解剖学、生理学等基础知识和竞赛规则，实现对教学内容的科学搭配、筛选和组合，优化课程资源。与此同时，教师要创造性地开展工作，重视对民族体育教学内容的二次加工、改编或创新，甚至微调一些危险项目的竞赛规则，以减少对学生的人身伤害，并以教材为载体，注重对传统体育文化的取舍和对生命安全的人文关怀，加强教学内容的教育性、健身性、综合性，活化课程资源。

其次，要加强对传统体育文化内涵的研究。为数众多的传统体育项目依附于生产、生活、练兵、娱乐和礼教的活动，几乎都有自己的发展历史和属于自己的小故事，蕴含着丰富的文化内涵。虽然现阶段传统体育文化中的"传统"因素因暂时无法充分发挥而不经意间导致了"传统"与"现代"间的断裂现象，使其自身发展面临巨大的"瓶颈"。但是，许多学者的研究指出，当前流行的几十种竞技项目并不能代表全部，要使当前世界体育成为更多的身体力行者投入的广阔天地，就应使现代体育与传统体育相结合，发扬光大传统体育这一宝贵的人类体育文化财富，这才是现代体育发展的最佳途径。由于传统体育蕴含着丰富的哲学、美学、医学、民俗、文学、历史和军事等方面的理论与知识，因此应与人类学、民族学、历史学、文化学、哲学、美学等进行跨学科、跨领域的系统研究，获取对传统体育文化的本质特征、价值功能及其发展规律的认识，并多方位、多层面地探索传统体育中所蕴含的文化内涵，并在此基础上，添新去陈，充实和丰富传统体育文化，才能够有效激发学生的学习兴趣和热情，提高学生对民族传统文化的认同感与归属感，增加课程的吸引力。[①]

最后，要重塑任课教师的人文素养。虽然我们不能要求学科教师通晓天文地理和古今之变，但在现今的大环境下，固守传统教育观念，人文素养贫乏，对传统体育文化历史沿革和发展处境、文化内涵、规则演变等缺乏了解和热爱的授课教师，其授课内容必然匮乏单一，将无法感染学生，激发学生对民族传统文化的热情，制约课程资源效能的发挥。因此，只有完善培训体制，提高任课教师的人文素养，才能有效地解决传统体育教学中教师自身的困惑并改善教学行为，为学生提供优质的教学服务。

二是以人为本，强调对话合作，应用多种教学形式提高教学的效率效能。

首先，贯彻以人为本的教育理念、确立学生的主体地位既是时代发展

---

① 徐彩桐，于淼.传统体育现代化发展方向和策略的探析[J].辽宁体育科技，2007
(6)：74－75.

对教学工作的必然要求,也有利于创建新型的师生关系、生生关系。因此,坚持以人为本,一方面要给予学生较大的选择空间,使其可以根据特长和兴趣选择喜爱的传统体育项目,在参与中了解传统体育文化,掌握练习的方法及竞赛规则等,必要时教师要主动帮助学生根据自己的身体条件和状况制定学习进度。另一方面要确立学生在教学过程中的主体地位,聆听和重视学生的合理诉求,既突出学生的主体地位,又注重发挥教师主导作用,不唯教师为中心,也不唯学生为中心,调动学生学习的积极性、主动性和创造性,增强教学工作的实效性,提高教学效率。

其次,使平等对话、相互交往、相互合作和促进贯穿教学全过程。长期以来,学校体育教育被公认为是一种强势体育教育,学生的活动基本上在教师的控制范围内,学习的内容是规定的,练习的方法也是规定的,这与思维活跃、信息来源广泛、对传统体育充满"新、奇、美"的想象的大学生们的期待有着相当大的差距。因此,建立师生平等的对话关系和合作关系,通过交往形式建立师生融洽的人际关系,才能够真正做到以学生发展为中心,尊重学生的需要,关注学生的个体差异,重视学生的情感体验,有利于激发学生学习传统体育知识技能的极大兴趣,提高学生的学习效率。

最后,要克服各种偏差的教学行为,积极开展参与式教学、研究式教学、咨询式教学等形式多样的教学形式。传统体育项目的内容虽然近年来得到了不断的丰富和发展,但有的项目还存在着一些技术性问题,因此教学中要克服"我教什么你就得学什么",或者弱化对学习者运动技能的教学与训练,转而追求表面自主等各种偏差的教学行为。通过重视教学过程中"人"的因素,引导学生特别是少数民族学生积极参与教学设计,使教学过程中多启迪少强制,多交流少灌输,实现师生交往与有效互动,积极创造一种开放式的学科秩序与结构,使学生不再是以被动地模仿运动技术为主,而是在教师的指导下,在参与中、对话与合作中培养和提高自身的思维能力、动作表现力和创新创造力等,从而提高课程的教学效率。

三是尊重个体差异,多元评估学习过程,提高评价的反馈和激励效能。

体育教学评价的激励导向作用,在体育教学实践中是显而易见的。体育教学是以肢体活动为媒介的一种教育活动,人的体能和运动技能状况并不仅仅与其后天练习和训练有关,还与其先天遗传、后天营养、发育程度及日常的体育锻炼密切相关。因此,人文视野下的体育评价,一方面强调评价者与被评价者之间要建立一种平等、信任的对话关系,保证评价的真实性和公平性。另一方面,要提倡评价主体多元化、评价方法灵活化、评价内容的全面化,即将运动参与、运动技能、身体健康、心理健康和社会适应五个体育课程领域的目标列为学生学习评价的主要内容之一,不再仅仅是对学生的运动参与和运动技能进行横向优劣的比较,应当重视学生在原有基础上的提高和学生个性的发展的特征,并端正态度和情感在评价中的比重,提倡多元化、综合性的教学评价。此外,由于学校体育的终极目标是培养学生终身体育的意识和能力,教学也存在着大量不易量化的人文因素(体育态度、思想品德、心理素质、社会适应能力等),综合性评价和鼓励性评价都是必需的,以提高评价的反馈和激励效能。

第三节　智慧学习环境下的
高校传统体育教学模式

一、智慧学习环境概述

智慧学习环境能够实现物理环境与虚拟环境的融合,能更好地提供适应学习者个性特征的学习支持和服务。智慧学习环境下的学习将以知识联通学习为主,这种学习方式强调构建规格多型、路径多样、评价多元的教学生态环境。智慧学习环境为"通过物联网技术、大数据系统和人工智能技术等现代高科技来全面感知学习情境、识别学习者特征,提供合适的学习资源与便利的互动工具,自动记录学习过程和测评学习结果"的智慧学习系统提供了有效的支持。

(一)智慧学习中心的概念与体系结构

智慧学习中心是高等教育之后的继续教育阵地,其所承担的任务决定了它至少应该围绕大学所应该具备的"教学、科研、社会服务"功能中"教学、社会服务"功能来开展活动。从技术的角度来定义,智慧学习中心是将云计算、物联网、移动互联网、人工智能等多种信息技术在学习中心的综合、全面应用,实现更灵活的信息化基础支撑、更广泛的互联互通、更透彻的学习情境感知、更智能的数据资源应用、更深入的智能控制、更绿色的能耗管控。

智慧学习中心在内涵和外延上都有自身的特点。一方面,学习中心应该按照自己的定位和分工打造自身的智慧校园,实现学习中心全流程信息化;另一方面,学习中心与总部(校)有着紧密的联系,体现在信息化层面则可以理解为总部的公有云与学习中心的私有云可以实现无缝衔接。因此,智慧学习中心在体系上应该至少包括智慧学习、智慧管理、智慧行政、智慧绿色校园、智慧空间、智慧健康服务六个部分。

1.智慧空间

空间所建置的环境,具有情景教学的实质影响力,校长和居领导职位者的教育理念,可透过物质学习环境的规划设计与布置,引领学校空间规划和教育革新与发展。基于此,有必要对学习中心空间进行整体规划,合理构建与之相适应的教育项目种类和教学形式。通过前期建设阶段的空间规划,实现空间规划带动课程发展、引领教学创新、丰富教学模式、促进行政改革,提高服务周边社区的能力。

2.智慧管理

以服务教学各个环节为中心,梳理过程中对后勤保障的要求,并将其与服务评价一并设计,将其封装在学习中心教室管理 APP 中,实现一键预约保洁、订餐、维修、快速安保响应等服务。

3.智慧行政

以学习中心原有的人事管理、财务管理、行政办公、教务管理等常规信息系统为基础,按照互联网＋的理念在实现数据互联互通的基础上,以服务为核心,采取多端融合的方式改造原有业务,为学习中心教学服务人员提供空间动态申请服务、各类教学项目投入产出分析及成本核算服务、人员绩效管理服务、学习中心管理范围内各类行政服务、办公审批服务。

4.智慧绿能

智能感知学习中心运转情况对各空间能源进行有效调控,确保智能化管理中心能耗。

5.智慧学习

围绕学习中心各类空间设计相应的学习环境,为移动学习以及不同种类学习模式(如协作学习、探究式学习等)提供支撑,以及课堂教学与云教学平台的无缝衔接,打造高效课堂和时时、处处可以学习的学习环境。

6.智慧健康服务

围绕传感设备对学习中心人员体温等健康数据进行采集监控、对中心各空间环境数据进行实时监控并提供智能管理,在保证安全的前提下尽可能优化环境指标,为学习中心各类用户提供智能化的环境管理服务。

(二)智慧学习环境的内涵及特征

构建学习环境是实现学与教方式变革的基础,智慧学习环境是信息技术发展的必然结果,对教与学有着革命影响。智慧学习环境是以适当的信息技术、学习工具、学习资源和学习活动为支撑,科学分析和挖掘全面感知的学习情境信息或者学习者在学习过程中生成的学习数据,以识别学习者特性和学习情境,灵活生成最佳适配的学习任务和活动,引导和帮助学习者进行正确决策,有效促进学习者智慧能力发展和智慧行动出现。综合已有学者对智慧(智能)学习环境研究的分析,智慧学习环境将突显以下基本特征:

①全面感知,具有感知学习情境、学习者所处方位及其社会关系的

性能；

②无缝连接，基于移动、物联、泛在、无缝接入等技术，为学习者提供随时、随地按需学习的机会；

③个性化服务，基于学习者的个体差异（如能力、风格、偏好、需求）提供个性化的学习诊断、学习建议和学习服务；

④智能分析，记录学习过程，便于数据挖掘和深入分析，提供具有说服力的过程性评价和总结性评价；

⑤提供丰富资源与工具。提供丰富的、优质的数字化学习资源供学习者选择；提供支持协作会话、远程会议、知识建构等的多种学习工具，促进学习的社会协作、深度参与和知识建构；

⑥自然交互，提供自然简单的交互界面、接口，减轻认知负荷。期望通过在这样的学习环境中设计多种智慧型学习活动，能够有效降低学习者的认知负载，提高知识生成、智力发展与智慧应用的含量；增强学习者的学习自由度和协作学习水平，促进学习者个性发展和集体智慧发展；拓展学习者的体验深度和广度，提供最合适的学习支持，增加学习者对成功的期望。

1. 个性的学习

满足学习者的个性需要是智慧学习的显著特征。在智慧学习过程中，学习者的需求能够被系统自动感知。学习者所处的地点、时间甚至当时的情绪都能被智慧环境及时感知，智慧学习系统根据学习者所处的物理环境，结合学习者的成长记录，及时为学习者提供当前需要的或具有潜在需求的个性化学习资源和学习服务。智慧学习中的即时交互使学习者能够获得教师一对一的个性化服务。协作群组服务能够帮助有相同学习需求和兴趣的学习者自动形成学习共同体，就某个问题开展深入的互动交流。

2. 高效的学习

在智慧学习过程中学习者通过资源订阅和智能推送的方式第一时间

获取最新的学习资源。智慧环境通过情境感知、数据挖掘等方法可以提前预知学习者潜在的学习需求,自动推送可能感兴趣的资源,节约学习者盲目查找资料的时间。智慧学习环境中的各种学习工具是集成的、智能的、微型的、无处不在的,学习工具是人们可穿戴的物品(如智能手表等),甚至是植入皮肤表面和大脑、成为身体一部分的智能芯片,学习者可以及时享受各种工具提供的便捷的学习服务。此外,智慧环境为学习者应用知识提供了条件,如智慧教育探究基地可以允许学习者对课上所学物理、生物等科学知识进行快速验证。

3.沉浸的学习

智慧环境具有感知性、个性化、适应性、泛在性等特征,学习者在智慧环境中能够更加投入、轻松、沉浸的学习。感知性和个性化的特征让学习者有"环境懂我"的亲切感,当"所想即所得"成为现实时,学习就变得乐在其中了。智慧学习环境可以作为学习者的学习伴侣,可以与学习者开展自然的对话,如学习者可以通过智能手机获取某个知名建筑的历史信息。学习者还可以在环境中留下信息。学习者与环境之间的相互融合,使智慧学习具有更强的沉浸感。适应性与泛在性让学习过程变得更加顺畅、无障碍,保证学习者的学习积极性不会因学习环境的改变而减退。沉浸式的智慧学习有利于学习者摆脱技术的束缚,更加专注于学习本身。

4.自然的学习

智慧学习能充分满足学习者的个人需求、兴趣,适应其偏好、风格,允许学习者在一种"自然的(非外力控制的)"的学习环境中以更加自我的方式进行学习。智慧学习的自然性表现在学习内容、学习场景以及媒体技术等方面。智慧学习中提供的学习内容都是贴近实际生活的,具有实践意义,这种自然的学习内容更容易激发学习者的兴趣;智慧学习不仅会发生在智慧教室、智慧校园,还能够发生在图书馆、博物馆、社区、商场等社会场所,这些生活场所通过网络实现无缝连接,实现学习过程的连续性;智慧学习需要有多种媒体技术支持,但这些技术对于学习者而言是"隐形的",不会被学习者所察觉,因而也就不会成为学习者开展智慧学习的障碍。

5. 持续的学习

持续的学习是指学习者不断寻求新的知识,发展新的能力,实现新的目标。持续学习的开展需要学习者具有强大的自身意志来与学习环境融合。在智慧学习过程中学习者能够更好地了解自己的个性特征,明确自己的发展目标,从而激发持续学习的欲望和动力。外界源源不断地提供的个性化学习资源、实时的反馈、多元的评价、和谐的氛围等都将为学习的持续性提供外部保障。正式学习与非正式学习的相互融合,独立学习与协作学习彼此结合,使学习活动更灵活。课堂、校园、图书馆、博物馆、社区等各种学习环境的整合,使学习变得更便捷、有趣、可持续。

二、智慧学习环境下高校传统体育教学模式构建的可行性

(一)基于高校传统体育项目创新要求

随着"互联网+"与高校教育改革的不断融合,高校传统体育的教学形式也逐步增加了信息化的特色。例如,教师和学生可利用移动客户端、电脑 PC 客户端等在网络中搜索与高校传统体育项目密切关联的内容与信息,从而获得丰富的教学素材、资源。智慧学习环境作为一种可感知学习情境、提供适宜的学习资源与便利的互动工具,具备自主记录、评测、识别学习者学习成果及特征,敦促学习者有效学习的功能。在智慧学习环境塑造的要求下,高校传统体育的项目开发及改良,势必需要以学生的实际需求、项目的特质与传承要求等为基础。

但是考虑到高校传统体育教学的电子教材梳理与种类较少,大多需要教师自行设计与制作。如此,在高校传统体育与智慧学习环境融合的教学模式中,教师就需要考虑如何使用现实技术为学生呈现高校传统体育项目教学所需的各类真实场景,以便在提升学生学习动机、兴趣的同

时,增加学生身临其境的感觉。这个过程恰好是教师重新学习、了解、研究、理解、创新高校传统体育的过程。如果教师可以真正抓住智慧学习环境构建的要求,在以学生为本的教学改革下加大高校传统体育项目的创新与传承力度,那么在实践应用中,高校传统体育的本质与特性难以发挥的问题很有可能将得到一定程度的解决。

(二)基于学生自主探究兴趣培养的要求

目前很多高校在开展高校传统体育项目时,需要教师预先学习,继而传授给学生,并非学生真正参与到高校传统体育项目的开发与创新中。然而高校传统体育与其他体育项目相比,存在诸多的特殊性,如不同的项目需要与之匹配的体育器材、表现技法等,这就要求教师不但需要掌握每个项目的体育运动技能,还需要了解该项目的民族文化内涵等。高校传统体育与学生需求错位意味着在高校传统体育教学过程中,学生的实际兴趣和需求还需要进一步被重视并在项目选择和创新设计中充分得到考量。

众所周知,兴趣是学生深入学习的基础。但是在"教师＋讲解示范＋练习"的高校传统体育项目教学模式下,学生很难找到学习的兴趣与积极性。面对此种情况,智慧学习环境要求教师使用集成化课堂控制系统来控制学习终端,为学生推送学习资源。学生使用便捷的交互学习工具,在与教师和其他同学互动沟通的同时,可及时反馈自己的学习成效、成果,以及在学习感悟过程中的所思所想、存在的问题等。智慧学习环境所提供的虚拟学习社区、微博、QQ、微信等同步沟通通信工具,能很好地解决教师在教学过程中对学生的学习进程把控不足等问题,使教师能及时了解学生的兴趣和需求,继而及时调整教学内容。基于此,结合高校传统体育项目需要和学生需要创新开发的要求,在高校传统体育项目的选择和教学中建立智慧学习环境,有利于教师将智慧性的学习与高校传统体育项目的开发、学生综合素质的培养与提升等进行有机结合,从而反哺学生的高校传统体育学习与探究。

三、智慧学习环境下高校传统体育教学模式的构建途径

(一)以"教学社群＋学习社群"模式构建体育项目内容体系

在高校传统体育项目教学改革创新中引入智慧学习环境,首先就需要在教学模式与学习资源两部分进行调整。当前国内高校传统体育教学应用比较广泛的地区,大多为少数民族聚集、聚居较多的地区,高校传统体育在引入高校后,高校所选择的项目大多表现为可有机补充高校课程,利于提升高校体育专业师资力量和科研水平,利于帮助高校拓展多元化、特色的教学活动。在着手学习资源和教学方式开发与创新时,教师可利用互联网与学生一起筛选感兴趣的民族体育项目,再结合学校的硬件设施及资金情况,选出符合教师实践教学、学生智慧学习的体育项目及配套资源。

有效学习是群体与个体共同构建的产物,按照目前高校传统体育项目改革需求以及改革过程中存在的问题,建议将教学社群与学习社群结合,共同开发符合学生兴趣爱好和研究探索要求的体育项目内容体系。在学习过程中,按照弘扬民族文化,开发现有资源的目的,教学社群与学习社群可利用自然资源、校内外资源以及媒体资源等,改造和开发体育项目,将其渗透到体育俱乐部、社区体育、家庭体育等,通过改造和利用来提升教学社群与学习社群的合作能力、创新开发能力。

(二)以丰富互动研讨模式搭建网络互助平台

在实践应用中,智慧学习环境需要教师与学生在学习管理系统中充分利用好其他积累要素。从高校传统体育项目改革的视角出发,建议教师充分利用好微信 APP、QQ 软件等社交工具,作为时时发布"高校传统体育项目"研究课题、项目和课程相关信息,布置作业,为学生答疑解惑的平台。微信群、QQ 群的视频上传功能,可作为教师与其他学生共同分享和评估上传者动作练习情况的渠道。从"互联网＋"层面着眼,有条件的学校可探究具有校本特色的高校传统体育项目,并搭建项目教学网络互助平台,制作高校传统体育项目虚拟教学模型。可利用多媒体教学方式

增加理论课节数,并利用互联网的便利性,与其他高校体育教师共同在互助平台中为学生在线答疑解惑、教师之间随时互动探讨,甚至在网站平台中增加典型的民族体育优秀教学视频,便于学生和教师随时观阅与学习。此种操作方式一方面可作为"教学社群＋学习社群"研究模式的补充,另一方面有利于丰富民族体育教学模式、内容、评估体系等。

第四章　高校体育教学中传统体育项目

第一节　健身走与健身跑

一、健身运动

在 21 世纪这个新时代中,全民健康意识和体育锻炼意识普遍增强。高校作为培养社会合格劳动者的摇篮,在实施全民健身计划的前沿阵地上,充分发挥了桥梁的作用;通过体育教学,使学生不仅是全民健身运动的参与者,同时又是将来社会推动全民健身运动的骨干力量。所以高校体育教学对全民健身运动开展的好与坏,对大学生将来的生活、工作会产生直接的影响。

(一)学校体育教育中的健身运动

学校体育作为人的全面发展教育的一个重要组成部分,在理论与实践上越来越受到人们的重视和关注。最近,国家提出了全民健身计划,应该说学校体育处在一个非常特殊的地位。学习体育既是学校教育的一部分,又是发展终身体育的一个环节。因此学校体育在全民健身计划中具有十分重要的作用。

1.新时期学校体育的特征

学校体育一直伴随着体育运动发展而发展的。进入新时期,人们对体育的认识发生了深刻的变化。它越来越贴近人们的生活,不仅仅是一种竞技运动,而且更是人们休闲、健身、娱乐的工具。那么,学校体育也不例外。教育部在教改实施素质教育同时将原有的体育课改为体育与教康教育课。这就给我们学校体育工作者提出了一个新课题《大纲》要求，60％为选修，对达标考核又进一步降低标准，目的，在于让更多的学生参与到健身行列中来，让学生成为真正的主体，体育教师不单纯是一名教师，同时也是一名体育健身指导员。

2. 健身运动的基本特点

其一，群众性。全民健身，顾名思义，就是全体人民的健身活动。社会飞速发展的今天，健身活动的环境和条件都有了较大改善，身体素质明显增强；其二，科学性。要提高全民身体素质和健康水平，体育科研单位和体育院校要以群众体育和全民健身的科学研究为重点，建立健身理论体系和组织管理体系，挖掘整理我国传统体育医疗、保健、康复等方面的宝贵遗产，为群众提供大量的健身方法；其三，标准性。制定体质检测标准并进行体质测试，人们可以根据这些标准制定锻炼的原则、方法和过程。提醒人们对自身健康的关注、提高人们对体育锻炼的重视程度；其四，法规性。全民健身计划是政府颁发的具有法规性质的文件，任何单位和个人都不能与之违背。定期公布全民体质情况，严禁侵占公共场地设施或挪作他用；各种国有体育场所都要面向社会开放，实行社会体育指导员技术的等级制度等

3. 学校体育与全民健身运动的关系

(1)学校体育是全民健身运动发展的基础

学校体育面对的是广大青少年，是全民健身运动的主体。主要任务是通过传授体育运动知识、技术、技能来增强学生体质，提高学生身心健康水平，培养学生参与体育运动的基本能力。全民健身锻炼中，因为他们在学校当中已经接触到各种各样的健身锻炼，同时对健身锻炼的理念有了正确认识。在我上体育健康知识理论课的时候，有的同学就问我健美运动员肌肉太发达了，会不会感到很僵硬，活动不方便。我举了一个例子。短跑运动世界冠军格林身高只有176cm，却能打破世界纪录，而他的体重达到近160斤，如果我又说，穿上衣服的格林，谁也猜不出他会有那么重，学生们一直认为体重大就会很胖。通过理论的教学，使他们改变了

观念积极地投入健身健美活动中来,知道用科学的方法掌握新的运动技能,并在社会中找到适合自身的健身项目,广大学生经过学校体育的培育,学习了体育知识、技能和方法以及身体训练和健身意识的强化,这些都为今后参与健身活动打下了良好基础。因此,可以这样说,学校体育即是全民健身运动的一个重要组成部分,更是全民健身运动发展的基础,全民健身运动要想持续发展,就必须引导学生自觉健身,养成自我锻炼的好习惯。

(2)全民健身运动是学校体育的深化

我们的学生完成学业后步入社会,参加到从学校体育转入社会体育的行列,忽然发现所喜爱的项目大多来自学生时代的积累,深厚的学校功底使我们精力旺盛的投入全民健身行列中去。

4.学校体育在全民健身运动中的作用

通过上述分析,我们又不难发现学校体育在全民健身运动中的重要作用,学校体育是全民健身的重要组成部分,又是全民健身运动持续发展的必要条件全民健身运动怎样才能做到健康有序地发展,在新时期学校体育的作用不容忽视。具体来说,学校体育在全民健身运动中的作用主要体现在以下几方面:第一,培养兴趣和爱好。健康是一个热门话题,而在素质教育指导下的体育与健康教育是我们新时期学校体育研究的重要课题,我们的教师要不断地提高自身修养,帮助学生培养兴趣和爱好;其二,教、学互动,传授知识与培养优良品质相结合。通过学校教育不仅仅传授体育知识,同时也传授思想,培养全面发展的人。无论是哪个人,良好的身体基础都是青少年时期打下的。因此我们要让更多的学生热爱健身运动,自觉进行身体锻炼。使健身运动成为他们生活中不可缺少的一部分。好的习惯是逐步养成的,好的健康的身体也是长期锻炼的结果。

学校体育要在形式、内容和方法上创新,我们不能忽视的一点就是习惯的养成是很重要的,这就要求教学模式推陈出新,多样化、生动化。不要为学习而学习,久而久之会使兴趣索然,又怎能养成与健身习惯相结合的素质教育,进一步提高学校体育的地位,这就要求学校体育教育应大力开展各类体育活动,让学生在活动中去思想,去体验,使身心健康,只有会健身、会休息、会娱乐,才能感受体育在生活中的重要性。

全民健身计划的推行,涉及各行各业,尤其是学校这块园地,如何正确解决好处在生长发育阶段的儿童和青少年的健体问题,为他们奠定好能从事终生健身锻炼的基础,已成为摆在体育界的一个新的课题。要研究好这个问题,首先要正确认识学校体育和运动竞技的内涵和外延,重新认定体育和竞技的界定及其关系,才能从观念中的误区走出来,才能真正找到学校体育自身的坐标,才能切实走出一条学校体育的改革路子。

(二)高校健身运动制约以及对策

1.高校体育健身教学的现状分析

我国开展高校体育教学已有多年,随着教学改革的不断变化,高校体育教学也在不断的创新中逐步完善,取得了很多可喜的进步,但由于种种原因,仍然有一些不尽人意的地方,表现在教学内容的选择上针对性不强,原有的部分传统内容从小学到大学相差无几,教学方法单一,学生学习的兴趣不高;体育教学在使学生形成终身体育思想,养成终身锻炼习惯,提高终身体育能力等方面,均缺乏很好的措施与方法。另外,有效的体育理论知识教学比例小,不能很好地转变学生思想,形成正确的体育观,尤其缺乏健康教育,学生良好的生活卫生习惯没有养成;利用体育教学过程对学生进行德育教育也是一个薄弱环节。这些问题都已阻碍了全民健身运动的深入开展与实施。

2.深入开展全民健身运动的若干对策

(1)深化高校体育教学内容的改革

为了使大学生毕业后能直接投入全民健身的行列中,一直保持锻炼的连续性,高校体育教学必须拓展现有的内容范围,向社会上普及的健身内容延伸、扩展,实现高校体育与社会体育之间的自然衔接。

其一,重视体育理论知识的传授。高校体育教学在体育理论教材选择方面应更加讲究科学性,突出实效性和时代性,彻底纠正"重实践,轻理论"的倾向。通过加强理论知识的传授,突出健康及其相关知识,如营养与健康、环境与健康、生活方式与健康、精神卫生与健康等知识的教学。使学生了解健身的生理学和心理学基础,健身运动处方的原理和方法,健康体质的测试与评价方法,以及部分运动项目的技术分析、观赏与裁判规则知识等,使学生全面系统地掌握体育理论知识,为积极参与全民健身运动打下良好的理论基础;其二,更新充实体育教材的内容,高校体育教材虽然做过多次修改,但是就其教学内容而言,仍然存在脱离主体需要实际的缺陷。因此,首先要更新体育教学思想,教材内容应紧紧围绕着终身体育而选定,教材首先必须具有科学性,教材的科学性是教学的基础。其次是具备先进性,教材内容并不是一成不变,要让学生掌握新的体育科学知识,教材内容就应及时更新,要去旧补新,把最新研究成果补充到教材中去,并以学生可以接受的形式反映出来,要根据教学法的要求,把知识的叙述和逻辑的顺序进行合理安排。大学生的特点是理解能力强,愿意接受新的知识,因此要根据全民健身计划的要求,选用实用价值较高的教材,使学生所学的知识能够伴随一生。大学生的兴趣广泛,教材内容的选定应体现趣味性,应选择非竞技运动项目、个人运动项目,毕业后易于坚持锻炼的运动项目(即不受年龄、运动负荷限制的运动项目),特别是适合职业需要的体能项目,内容突出健身性、娱乐性、终身性,让"体育是一种习惯,不是仪式,体育在体育课中,更在生活中";其三,体育教学的形式、方法应多样化。体育教学形式应向"俱乐部"教学或小团体指导等方面发展,以更能适应每个学生的兴趣和特长,充分张扬其个性,并在个性发展中获得全面发展。同时要特别加强小球类(乒乓球、羽毛球、网球)、休闲类(国际交际舞、形体舞蹈、健身操、瑜伽)体育项目的一般技能学习,使学生增强运动兴趣,掌握一到二项能终身从事锻炼的项目及其方法,保证高校体育教学与全民健身运动能有机的结合。组织形式应丰富多样,如必修制、选修制、俱乐部制(即学分制前提下的课内、课外选项制)。教学形式的多样性更能满足学生对体育锻炼的需求,从而更好地体验与认识体育。

(2)转变高校体育教学观念,构建终身体育思想

终身体育是指人们在一生中所受到的各种体育教育与培养的总和。即是从一个人生命开始到生命结束,要从适应环境与个人的需要,进行身体锻炼,以取得生存、生活、学习与工作的物质基础或条件。终身体育观点的建立与体育兴趣有着直接的关系,而终身体育的实现则要以体育能力为基础。个人兴趣能产生参与体育锻炼的欲望与追求,是形成习惯的心理基础。

其一,树立体育教学新观点:学生在从事体育活动中始终是以本人需求为驱动力,以达到自我完善的目的。每人需求的范围和满足的内涵非但各异,甚至需求的方式、方法也随着时代的发展而改变,而我们现在的体育教学比较呆板,没有个性,已经很难适应大学生和社会的需求。因此,高校体育教学应贯彻"以学生发展为本"的现代教育理念:一是以学生的个性为本;二是以全面发展为本,认真落实"健康第一"思想以终身体育为主线,从学生终身受益为出发点,使学生养成自觉、科学地锻炼身体的习惯。其二,加强终身体育意识的培养。学校是进行终身体育教育的最有利场所。学生走向社会,能否继续经常地从事体育锻炼,最根本取决于自身的终身体育意识,而一个人的体育意识的程度取决于学校体育教学的效果。高校作为学校体育和社会体育的衔接点,它对培养学生终身体育意识具有特别的意义;其三,加强终身体育思想的教育。使学生树立牢固的体育意识,体育宣传工作是培养学生自觉地参加各种课内外体育活动,实现学校体育教育与社会参与的重要手段。充分利用黑板报、橱窗、广播站、多媒体等宣传阵地,扩大学生的体育知识面,增强学生体育锻炼的自觉性,激发学生锻炼的热情和兴趣。定期举办体育知识讲座,组织各种竞赛活动,充分发挥媒体的作用,不断增长学生的体育知识并开阔眼界,营造良好的体育文化氛围。

二、健身走

随着社会现代化程度越来越高,人们在学习和工作中的智力活动也

就越多,难免长时间伏案忙碌,用电脑、看文件、搞研究……尤其是大学生学习压力很大,很容易患上肥胖、心脑血管病、糖尿病、骨质疏松等疾病。这种趋势与现代人类缺乏体育运动的生活方式有着密切的关系,而且这种趋势正加速转向低龄化,身处生长发育后期的大学生的健康面临严重威胁。如何改变这种状况,参与健身锻炼运动是最好的生活方式之一。其中健身走又是人人都能参与的一种有效的锻炼方式。

(一)健步走对大学生身心健康的影响分析

著名心血管专家洪昭光说:最好的健身方法是步行;心脏病学之父美国人怀特认为:健康成年人应把每日步行作为一种有规律性终生运动方式,由此可以得出结论:最平凡的作为,常常有最不平凡的效果。

1.预防心血管疾病

美国医学学会提出,每天走 30 分钟,可维持心肺功能的健康状况;大学生的步行锻炼可以提高和调整大脑皮层下枢功能,从而使外周血管紧张度降低,改善情绪,减轻官能性症状,达到减少激素的分泌,进而降低血压;目前,许多学生不健康的饮食习惯使血液的胆固醇与中性脂肪异常增高,胆固醇渗入血管壁,动脉变硬变脆变狭窄,血液流通不畅,容易诱发心肌梗死、脑梗死等。胆固醇中的 HDL(高密度脂蛋白)会把多余的胆固醇送往肝脏,预防动脉硬化持续 20 分钟以上的健走,有助于分解燃烧体内中性脂肪,增加 HDL 的量。一周健走 3 小时以上,可降低 35% 至 40% 患心脏病的风险。

2.避免脂肪肝

运动时,肾上腺素、去甲肾上腺素分泌增加,提高脂蛋白酶的活性,促进脂肪分解,减少脂肪在心血管和肝脏中的沉积,从而使脂肪肝得到显著改善;经常进行健走锻炼可以促进血液循环,血可以流到聚积在肝脏众多微血管的末端,提高肝的代谢功能。

3.预防其他疾病

对于女学生来说,预防乳腺癌最理想的运动是健走。研究资料表明:

持续参加身体运动可明显减少绝经前妇女发生乳腺癌的危险,并强调早年开始并保持健步成运动的重要性,一周 3 次、每次 45 分钟以上的健走运动,有助于维持很好的认知功能,促进脑细胞功能活化,一边健走一边配合呼吸,可以获得全身血液活络与脑循环顺畅的双重效果,有助于提高学生的学习效率,养成健步锻炼习惯还有助于预防阿尔兹海默症。糖尿病多半是饮食过量、运动不足等原因造成的,而限制饮食量、减少体内的糖分,再用运动把存在肌肉内当作能源使用的葡萄糖大量消耗掉,就可以降低血糖值。一天轻快健走 1 小时,对 II 型糖尿病有 50% 的预防效果。

4. 改善骨质和腰、肩、头部疼痛

大学生进行健步走锻炼可以减缓骨质流失,预防运动时出现的骨折或腰痛。头部重量约占体重的 1/10,由颈椎与覆盖颈部到背脊的肌肉所支撑,如果驼背或姿势不良,肩胛肌的负担过重,肩膀就容易僵硬酸痛。最有效的治疗方式就是健走,因此建议青年学生在健走时,抬头挺胸,上臂大幅度摆动、大跨步前进,自然拉直了背肌与肩胛肌。

5. 助眠、舒解忧郁,储蓄健康

多用双脚,能改善体内自律神经的操控状态,让交感神经与副交感神经的切换更灵活,有助于消除压力,更容易入眠。健走还可以使人感到自尊、自信与乐观。青年学生经常进行健步走锻炼可以在学习当中有更充足的精力,有利于他们缓解紧张的学习压力。

(二)健步走的科学锻炼方法及注意事项

1. 健步走的科学锻炼方法

(1)快步走

快步走的动作要领:没有时间运动的同学,可以在上下学的路上("走学族")、课间去走路健身。一般健身走每次在 30~60 分钟为宜,实在没有大段的时间去锻炼的,也可以每次走 10 分钟,每天加起来至少 30 分钟的走路运动。我国卫健委建议,要保持健康,每天至少走 6000 步。有健身作用的走路,不是那种"饭后百步走"的慢慢地溜达。这里说的快走健身指:一小时走 5～6 千米(大约每分钟步行 100～120 步)、一周坚持 5～6 次的健步走。走的时候要感到气喘,但是还能说话,这种强度就比较合适。

(2)摆臂大步走

动作要领:走路的时候尽量把双臂前后摆动起来,前手摆臂伸掌尽量高过头顶,后手摆臂要随势后摆伸直。行走的时候,尽量迈大步;行走的快慢因人而异,最好走到气微喘,心跳在 100 次左右。走路时双臂大幅度的前后摆动,心跳容易加快,可以对心脏产生良好的锻炼效果。而且,走的时候上肢大幅度摆臂、腿在大步快速迈进,这样上下相随,全身肌肉骨骼都运动起来,因而可以达到舒筋活血的目的。

(3)原地踏步走

在家里写完作业,可以适当地活动一下,来一个原地踏步走,也是不错的哦!动作要领:在室内或者室外任何地方,原地抬腿踏步走。可以把大腿抬高些踏步走,两臂注意摆动。

(4)越野杖行走

这是一项在欧洲非常盛行的运动,又称为越野走。行走的时候借助两支手杖,使人在行走过程中实现四肢同时参与运动。越野走比散步有效,比慢跑安全,是健步走的升级版。

(5)倒步走

小腿带动大腿,小步往后退;腰背、脖颈要挺直。倒走时要全神贯注,眼睛左顾右盼,掌握身后道路的基本情况。这项活动很适合那些不宜做剧烈运动的人如果在从事其他运动锻炼后采用倒步走,还有助于调节心情和促使身体疲劳的自然恢复。倒步走时,腰身挺直或略后仰,脊椎和腰背肌肉将承受比平时更大的力,可改善腰部血液循环,使向前行走时得不到充分活动的脊椎和背肌受到锻炼,可以起到预防驼背、治疗腰痛之功效。因此,倒步走无论是对于青少年、整日伏案工作或学习的人还是中老年人慢性腰痛者都有好处。

(6)水中行走

水中行走,可能会令很多同学吃惊!水中行走也是一种健身方式,水中行走适用范围广,不论男女老幼,也不管会不会游泳,都可以尝试。水中行走,走的姿势可多种多样:正走、反走、侧身走;大步、碎步、原地踏步、蹬跳……在水中行走时,两臂可以浮在水面上作划水、摆臂、抡臂等动作,这样可以使这些肌群都能够得到有效的锻炼。与陆地行走相比,水中行走要克服更大的阻力,所以对肌肉力量和内脏器官功能的锻炼更为有效。一般人在深度到腰间的水中,以每秒 1 步的频率走 3～5 分钟,心率即可达到最大心率的 70％～85％,呼吸频率超过安静时一倍以上,总体反应不亚于陆地慢跑。在水中行走阻力很大,消耗的能量也比陆地行走时也大的多,不但有利于健体,而且可以消耗多余脂肪,有较好的减肥效果。

2.健身走运动注意的事项

(1)长走前的准备工作要细致

第一,选一双合脚的软底运动鞋如是专门的跑鞋更好,这样可缓冲脚底的压力,以防止不太运动的关节受到伤害;第二,穿一套舒适的运动装这样能让自己的心情和身体放松,从繁忙的工作生活中走出来;第三,准备一壶清茶水可适当加些糖、盐,因为清茶能生津止渴,糖、盐可防止因流汗过多而引起体内电解质平衡失调;第四,选择一条合适的运动路线。可以是公园小径、学校操场,住所附近,甚至上下班的途经小路。在运动中人体耗氧量会增加,如空气不好,甚至有废气等污染物,反而会使运动效果适得其反。所以,长走路线应该是人流量少、通风、空气好,离汽车越远越好;第五,长走时间要恰当。长走锻炼的时间最好选择在每天太阳升起以后,下午 3 点也是最佳的锻炼时间。长走运动不能等同于平常的走路、散步或逛街,每周锻炼至少 3 次,并且每次不能少于 30 分钟。

(2)走路太随意达不到健身目的

长走前一定要做一些准备活动,如轻轻压一压肌肉和韧带,做一些下蹲运动等,让自己的心脏和肌肉进入到运动状态。健步走时步幅应略大、挺胸、收腹,目视前方,上半身略向前倾,双臂自然在身体两侧摆动,注意力集中,呼吸自然均匀。长走开始后也能随意停下,直到锻炼结束,长走健身运动要循序渐进,运动强度应由小到大,运动时间由短到长,运动后别忘做一些放松运动。同样是走路,如果要"走"出健康来,在锻炼时要保证一定的频率、强度和持续时间如果不了解自己的运动能力,开始时应尽量选择较低强度,若在训练后次日没有感到心慌、心悸、头痛、无力、心率加快等不适,可逐渐加大强度,否则,要降低强度。

第二节　健美操与体育文化

健美操是一项融体操、舞蹈、技巧、音乐为一体,以有氧练习为基础,以健美特征的体育运动项目,练习者在明快的音乐节奏中进行全身各关节、部位有节律的运动,在欢快的音乐旋律中使身心健美。健美操能给人们带来热情、奔放的情感体验,符合现代人追求健美,自娱自乐的需要,而且它的运动负荷和难度可以自由选择,对场地、器材条件要求不高,练习起来简便安全,深受广大专业学校生的喜爱。因此,在专业学校体育教学中,我们要重视加强健美操的教学。

一、学校体育教育与健美操

(一)健美操的分类

根据我国健美操运动的发展状况和未来的发展趋势,按照不同的任务,健美操运动可分为健身健美操、表演健美操和竞技健美操。中等专业学校中采用的为健身健美操。其中包括以提高心肺功能,改善身体有氧代谢能力的有氧操,练习肌肉控制,改善不良姿态,培养良好气质风度的形体操,以保持肌肉外形,防止肌肉退化为主的力量操,以及踏板操、水中操等。

(二)健美操在运动项目中的价值

健美操是根据人体解剖学、运动生理学、体育美学等多科理论,为使人体健康、健美的发展而编排的。它是在音乐伴奏下进行的身体练习,其动作内容丰富、形式多样、美观大方,有一定的旋律和节奏,可以恰当地表现出音乐的特色,动作的力度等。健美操运动不仅能有效地发展专业学校学生的身体形态,身体素质和身体机能,还可以陶冶情操,培养正确的审美观和良好品质,对于磨炼学生的意志,增强信心,提高心理水平,具有非常重要的作用。要求学生不能机械地完成动作,而应有节奏、有旋律、有感情、有表现力,并创造性地完成动作。

(三)通过健美操教学可以调动、培养学生对体育课的兴趣

培养学生对体育课的兴趣,首先要让学生对体育课有一个正确的认识,选用学生感兴趣的体育教学老师,长期以来受传统习惯和应试教育的影响部分学生和家长对体育课有些偏见和误解。他们以为上体育课就是玩,上与不上体育课无所谓,加上体育教学内容重复,难度过大,以及少数教师经验少,教学方法呆板单调,导致学生喜欢体育,却害怕上体育课的怪现象,为此,因向学生明确指出只有"体格健壮,肌肉丰满,体形匀称,充满青春活力,才是真正的健美"。一个健康的人应该是道德高尚,心理健康、体质良好、体能全面的人。为达到健康的目的,可以通过体育锻炼来获得。

美的事物对学生具有强烈的吸引力、诱发力和感染力,当体育教师展示健美的形体和规范优美的动作时,就会引起学生自觉或不自觉的赞赏和模仿,同时对体育课也会产生兴趣,这无声的魅力产生潜移默化的作用时,使体育课收到事半功倍的效果。音乐是健美操的重要组成部分,好的音乐能强烈震撼人的感情,将听众引入如美妙的艺术境界,借用好的音乐,会产生意想不到的特殊效果。

健美操音乐多取材于迪斯科、爵士、摇滚等现代音乐,具有鲜明的现代韵律感,节奏鲜明强烈、风格热烈奔放,符合处于青春发育期的学生身心发展特点,在专业学校体育教学中,我把健美操作为重要的体育教学内容,通过健美操优美的旋律,舒展发放的动作,刚劲有力的节奏,优美的造型,形成了有强烈感染力的音乐氛围,激发学生的练习情绪,提高学生练习的积极性,增强学生参加体育活动的兴趣。

(四)强化音乐的素养教学,全面提高学生的素质

在健美操的教学初期,就得让学生接受音乐教学,从准备部分开始,教师就得有意识地用音乐启发学生,例如音乐启动,教师随音乐节奏踏步,在此基础上逐步变化一些简易动作,学生跟练,这样日积月累,学生就形成用耳听音乐,用眼看示范的一种全身心运动的教学方式。在教学中,教师要不失时机地运动口令、提示及体位语言,纠正错误动作,鼓励学生积极投入,教学中我们不只是机械地教会学生几个动作,更重要的是通过音乐的旋律来调节学生的身心及情感体验,将动作融汇到音乐之中,从而不断地提高学生的音乐素质,进一步地锻炼了学生的身心健康,在音乐的选择上要结合所授课内容有目的的选用,同时给学生讲解有关音乐背景及欣赏提示,以便激发学生对动作的创编热情。

(五)正确选择与确定健美操教学内容

健美操教学能否实现预期目标,在很大程度上取决于教学内容的选择,应选择符合专业学校学生身心发展特点的教学内容。在健美操教学内容的确定上绝不可照搬文艺界或体育健美专业训练那一套,而应遵循系统性、教育性、科学性、可行性、实用性与趣味性相结合的原则,立足与促进学生身心健康协调发展,按照一定的顺序,有步骤地进行教材的层次分类,不同年龄有各自的教学内容,在动作的难度安排上,采用由易到难,由简到繁,由静到动、动静集合的阶梯式排列,按姿态操、舞蹈操、节奏操的顺序进行教学,从基础开始,使学生通过有序的学习,更快地掌握技术,发展能力,教学中要求学生不仅要学会跳健美操,而且还要根据所学的编排知识,结合掌握的一些动作素材,进行健美操的创编。

(六)健美操教学中应重视学生的自主能力的培养

健美操的动作设计不拘一格,编排方法灵活多样,教学中主要教给学生健美操的运动思想和锻炼方法,实践中及时提醒和积极引导学生在身体的参与中用心灵体验,在流畅自然,刚劲有力,形神兼备的动作练习和

优美明快的音乐伴奏中感受轻松愉快和动感的韵律，逐步培养学生在练习中具有良好的精神风貌和洒脱大方的动作风度，同时积极支持，热心鼓励学生在体现健美操健、力、美精神实质的基础上大胆设想，推陈出新创编动作，从而突出学生的主体地位，逐步培养和激发学生的主观能动意识和创造性思维。

二、健美操课对大学生身心健康的影响

心理学家发现，大学生的心理危机绝非少见。美国心理健康研究所所长戈德温博士指出："那些条理性强.学习效率高，对未来充满美好期待的大学生易产生忧郁心理"。实际上，他们处于一种竞争激烈的环境之中。当他们一旦遇到某种挫折，就意味着对自己那种"高标准、严要求"目标的否定，心理发展还不够成熟，社会经验不够丰富又使他们往往难以找到可以倾诉和求援的知心朋友，使负面情绪难以排解、因而更容易发生心理危机。大学生的心理危机很容易在学习上、生活上造成严重影响所以对于大学生来讲，要警惕自己可能发生的心理危机，不断进行自我调整显得尤为迫切。健美操运动是比较好的释放心理压力良好方式之一。

（一）大学阶段学生的特点

1.大学生体形特点

低年级大学生已经经历了人生最后一个生长发育的高峰期，身高、体重、胸围、肩宽、头围、骨盆等外部形态已逐渐转入缓慢发展阶段。骨骼已基本骨化并坚固。在此年龄阶段，由于性激素的作用，肌纤维变粗，向横径发展。肌肉中的水分逐渐减少，蛋白质、脂肪、糖和无机物含量逐渐增多。肌肉的横断面，肌肉重量和肌肉力量都明显增加，接近成人水平。男女学生在外部形态上出现了明显的差异，男生变得喉结突出，声带加宽，发音低沉，肩部增宽，胸部呈现前后扁平，显得壮实。女生胸部突出，声带变长，嗓音尖细，臀部增大，肢体柔而丰满。这些特征的出现，表明生理发育已逐渐成熟，能承受较大的负荷，为担负繁重的脑力和体力劳动，适应

各种困难的环境变化,为心理素质的健康发展,奠定了物质基础。

2.大学生体机能特点

大学生的心脏,在形态结构和功能作用上均已达到成人水平。心脏重量约为 300～400g,心脏容积达到 240～250mL,心跳频率每分钟 65～75 次,血液量占体重的 7％～8％,每搏输出血液量约为 60mL。对绝大多数男女生来说,心脏系统是可以承受各项激烈的体育锻炼活动的。个别人出现高血压现象,那是由于青年期之前,心脏发育速度加快,血管发育处于相对落后的状态,加之内分泌的影响,有的收缩压接近 20 千帕,而且有起伏状况,舒张压则保持在正常范围。这种现象称为青春期高血压,出现青春期高血压的人,如果过去一向有体育锻炼的习惯,且运动后无不良反应,可以依然正常进行体育锻炼。注意运动量和医务监督即可。随着年龄的增长和身体内环境的协调平衡,这种现象会自然消失。大学生的呼吸系统已接近和达到成人水平,青年初期心肺的结构和机能迅速生长发育,呼吸频率逐渐减慢,呼吸深度相应增加。

3.大学生心理复杂多变

当代大学生大部分从小娇生惯养,由于部分家长忙于事业对孩子的教育引导较少,所以使之心理较为孤僻。养成了自私、好强、无团队意识、盲目等心理特点。大学生的心理问题复杂、多变,具有独特性。其引发原因多种多样。在具体处理过程中应全面细致地分析其诱因,以便对症下药,迅速有效地解决问题。

(二)健美操运动对大学生身体健康的促进作用

1.塑造形体美

"形体"分为姿态和体型。姿态即从我们平时的一举一动表现出来的行为习惯,受后天因素的影响较大。而体型则是我们身体的外形,虽然体育锻炼可适当改善体型外貌,但相对来说遗传因素起决定性作用。良好的身体姿态是形成一个人气质风度的重要因素。健美操练习的动作要求和身体姿态要求与我们日常生活中的状态要求基本一致,因此,通过长期的健美操练习可改善不良的身体状态,形成优美的体态,从而在日常生活中表现出一种良好的气质与修养,给人以朝气蓬勃、健康向上的精神。

2.提高生理机能

增强脏腑功能,健美操不管动作难易,基本上有有氧操、垫上运动、放松整理等几个部分。经常做健美操可使心肌收缩增强,心肺输出量增加,提高供血能力。提高大脑的思维能力和全身新陈代谢,提高呼吸系统的机能水平。使学生在学习过程中思维敏捷、快速。通过髋部运动,可增加肠胃蠕动,提高消化系统的功能;还能有效地减少臀部和腰部脂肪的堆积,全面提高人体的健康水平。有氧运动协会研究表明,健美操对学生有许多特殊益处,如健美操可使学生激素的分泌规律化,对生长发育期产生显著的影响。调查显示,经常做健美操运动的年轻人,在智力方面、反应速度等方面都有很好的促进。健美操提高身体素质体现在动作频率快,跳跃运动较多,运动负荷较大,因而消耗身体能量多,有利于消除体内多余的脂肪;可有效地训练身体的正确姿态。由于健美操运动是在节奏鲜明的音乐伴奏下进行的,会使人朝气蓬勃、忘却疲劳,在不知不觉中提高了身体素质和学习效率。

另外,健美操是具有艺术性的运动项目,长期练习,可以增强韵律感和节奏感。提高音乐素养,从而提高认识美、鉴赏美、表现美和创造美的能力尤其是艺术院校的学生本身就有很好的音乐和舞蹈基础,还可以提高他们对体育课的兴趣。进行健美操练习时,应该注意下列几点:一锻炼要持之以恒,也是对自身优良品质的培养;二循序渐进地增加运动量,开始练习可选择一些简易动作,以后逐步使动作由易到难。同时运动量大小要适中,逐步加大运动量。要按照适应—提高—再适应—再提高的规律上升,才能不断提高人体机能水平。三注意动作规范和姿态动作规范是指做动作时应达到的技术要领,姿态是身体的外表要求,两者有不同之处,但又密切相关,练习者应从开始就要求头正。颈部、上下肢要开、要直,幅度要大,屈转分明等,否则,久而久之就会形成不良的姿态及错误的动作。

（三）健美操运动对大学生心理健康的促进作用

目前我国的全民健身已成为热门研究领域,健美操运动与心理健康的关系也日益受到广泛关注,但我国在这方面研究才刚刚起步。积极参加体育活动,不仅能强身健体,同时还可以调节和促进心理健康的观念已成为现代体育观的一个重要标准。体育活动的"双重功效",正被越来越多的现代体育科学研究所证实。事实证明,大部分积极参加健美操活动的学生其心理健康水平明显地高于普通大学生的水平,这即说明健美操活动对心理健康的促进作用十分显著。

1.大学生心理健康的评价标准

多年来,人们对体育教育存在一种偏见,认为搞体育的人四肢发达,头脑简单,体育课只与躯体健康有关,健美操运动也只是减肥运动。事实上,高校体育教学界结合大学生的实际情况,对大学生的心理健康标准形成如下共识:一是智力正常,二是情绪稳定,三是了解自己,四是良好的人际关系,五是心理行为符合年龄阶段。以上五个方面当然不能将大学生心理健康标准全部概括,但它们无疑是心理健康问题中应有之意。

2.健美操运动对大学生心理素质的影响

（1）健美操运动可以锻炼大学生的意志品质

第一,健美操运动可以促进自信心的形成。自信心是自我价值的表达,是自己成功胜任能力的确信,同时,也是对自己能力的评价标准。在健美操锻炼中人体形态美是体现学生表现力的基本条件,"形体"分为姿态和体型。良好的身体姿态是形成一个人气质风度的重要原因,通过长期健美操锻炼,学生的身体形态得到了改善,也相应掌握了一些训练知识、技能和生理解剖知识,当取得这些成绩后,个体就会以自我反馈的方式传递其成就信息于大脑,从而产生自我欣赏的认识和情感体验,增强自信心。第二,健美操运动能锻炼顽强的意志。人的意志的两个特征分别是"具有自觉目的"和"克服困难相联系",健美操运动有一定的强度,学生在心理和生理上都承受很大负荷,这就需要他们既要克服内部各种障碍,又要克服各种外部障碍,逐渐增强坚忍不拔,持之以恒的意志品质。第三,健美操运动能提高心理适应能力和心理稳定能力,在健美操锻炼中,学生在人群中进行练习。其形式多种多样,通过分组、个别练习、比赛和测验,让学生在特殊的氛围中感受一定的心理压力。有研究表明,不同的运动项目对人心理品质的培养也不完全相同,像体操、健美操等个人表演、比赛的项目,可以培养人的顽强性、勇敢、自我控制能力、提高对环境的适应能力。

(2)健美操运动能提高大学生的能力。

第一,健美操运动培养学生的创造力。美国一项研究表明,在需要有创新能力才能完成的任务时,受过良好培养与训练的学生成功率大于没有受过良好培养与训练的学生。健美操融音乐、舞蹈、体育健身为一体,系统训练对开发人的创造性思维会有帮助。第二,健美操运动提高人的注意力。健美操节奏明快,动作灵活多变,小关节动作多,不对称的动作多,节奏多,变化多多变化的练习可以培养人的注意转换。经过健美操训练的学生,上课时注意力容易从课外事物转移到课堂,也较集中、稳定。第三,健美操运动增加人际交往和合作的能力。在紧张的学习生活之余,换一下轻松的环境,对消除疲劳和恢复体力是十分有益的。每个人都离不开他人,因而有交际的需求,健美操的练习形式是许多人一起练习,必须存在着人与人交流的问题。

健身活动是与心理健康有着密切关系的,他们之间互相影响,相互制约。所以,在健身活动中,应抓住心理健康与健身操相互作用的规律,利用健康的心理来保证健康活动的效果,从而利用健身活动来调节人的心理状态,促进心理健康,使人们都认识到健身活动与心理健康的关系,这有利于人们自觉参加全民健身活动并以此来调节心情,促进心身健康,从而积极投入到全民健身计划的实施纲要中去。

三、如何更好地发挥健美操课程的作用

(一)合理安排健美操运动提高身体素质

有氧搏击操,其具体形式是将拳击、空手道、跆拳道、功夫,甚至一些舞蹈动作混合在一起,并配合强劲的音乐,成为一种风格独特的有氧健身操。一节完整的搏击操会消耗大量的热量,由于搏击操动作多变,且在做

每个动作时要求迅猛，有爆发力，所以在锻炼全身每一块肌肉的同时，身体的弹性、柔韧性及反应速度也将得到前所未有的提高，健美操运动使学生保持健康的体形和体态，以及良好的身体素质，更有利于其他课程的学习。拉丁健身操来源于国标中的拉丁舞，但不强调基本步伐，对动作的细节要求不高，注重运动量和对髋、腰、胸、肩部关节的活动。拉丁操自由随意，热情奔放，节奏明显。它的锻炼侧重于腰和髋部，同时使大腿内侧得到充分锻炼。根据学生身体形态特点，合理的安排健美操运动对于改善和提高其身体机能有重要的实际意义。健美操运动是"减脂"的良方之一，在大量消耗热量的同时，又能使体质得到增强。

（二）加强耐力、力量锻炼，改善和提高生理机能

健美操是根据人体基本生理机能，将人体的基本身体素质，如柔韧性、协调性、力量和耐力等与舞蹈在强劲有力的音乐伴奏下完成动作的运动。健美操具有一种向上、充满青春活力的动感和美感，并且运动形式符合健康和美学原则。它能够在较短的时间内获得健美标准的体格。由于健美操多是在跳跃下完成动作的，所以运动强度较大，它是一种有氧训练。健身操是以促进身体健康为主的一种运动。它是将身体的基本动作：如"走跑跳"以及身体各部分的简单摆动，组合成"操化"的一种练习。

（三）进行心理调节，改善心理健康状况

在健美操课堂中，音乐的伴奏下进行身体锻炼，使练习者感受到愉快的情趣，从而调动人的精神力量和体力，培养和帮助人们进入一种最佳的心理状态，并产生向往和追求美的心理趋势。大学生体育课中练习更加方便，从而为生活开辟了另一个天地，共同学习，相互帮助，共同提高，培养学生团结协作及集体主义精神。

通过对跳健美操有利于大学生健康的分析，让大多数大学生能够很清楚地了解和认识自己身体和心理需要。健康机体对每个人来说尤为重要，因此大学生应有针对性地选择适合自己特点的练习内容与方法。通过这篇文章还让大学生认识到健美操能增进健康和形体美功能，缓解精神压力，娱乐身心功能，医疗保健功能等。

（四）提高健美操课程在高校体育课程中的地位

健美操是一项对场地、器材没有严格要求的运动项目,并且适合各类人群。目前,我国很多高校都在体育课程中开设了健美操课,但是也存在对健美操课的重要性认识不够的问题。有的学校的期末考试有健美操课,有的学校则没有。健美操这种新颖多变的体育运动形式,对于激发学生锻炼的积极性,促进学生的健康成长有着非常重要的作用。因此应当提高健美操课在高校体育课程中的作用,增加健美操课的比重,提高体育教师的健美操水平,营造一个良好的学习健美操,重视身体锻炼的氛围。健美操运动不同于其他运动项目,没有严格的场地器材要求,适合各类健身人群。

（五）多举办跟健美操相关的活动

为了促进健美操运动的发展,国务院和体育总局在 1992 年至 1999 年间陆续颁布了一系列条例,如《全国健美操活动管理办法》《健美操运动员技术等级标准》《大众健美操锻炼标准》和《健美操等级指导员制度》。1992 年,中国大学生体协健美操艺术体操分会也在京成立,这是我国高校健美操运动发展的新阶段,同时也说明了多举办相关的活动是有利于推动这一体育运动的发展的。因此,如果要更好地发挥健美操课程在高校体育课程中的地位,各高校就应当在了解学生需求的基础上,尽量多举办一些跟健美操相关的活动,如健美操设计、健美操比赛等体育协会要支持健美操的发展,也应当支持高校的健美操活动,帮忙举办一些以健美操为载体的高校联谊会等。

四、大学生如何科学地进行健美操锻炼

（一）健美操锻炼前的准备活动

健美操锻炼之前,首先,要进行热身运动,其目的是使健身者从生理和心理做好充分的准备,使机体从平静的抑制状态逐渐过渡到兴奋状态,

为即将进行的较为剧烈的身体活动做好各种准备,从而提高机体的工作效率,预防运动创伤。热身时间的长短、活动量的大小应根据天气情况而定。通常情况下,热身运动的时间一般为 10～15 分钟。

(二)健美操锻炼中的负荷问题

大学生进行健美操锻炼的最终目的是取得最佳的锻炼效果。从生理学角度看,只有适宜的负荷刺激才能达到增强体质的目的。因此,科学地确定适合于自己身体情况的锻炼负荷,是获得健美操锻炼效果的前提。下面介绍几种确定运动负荷的常用方法。

1.脉搏测量法

脉搏测量法可以分为两种:一是,利用锻炼结束后的心率评定运动负荷。每次健美操锻炼结束后 5～10 分钟内,立即测量脉搏,并将测得心率与安静心率进行比较。若测得心率高出安静心率 6 次/分钟以上,说明身体反应不佳,如果没有疾病或其他原因,则说明运动量过大,应及时进行调整;如果高出 2～5 次/分钟,说明运动量适度;如果基本恢复到安静心率状态,则说明运动量偏小,应适量增加运动量,否则就达不到提高身体素质的目的;另外一种是利用最大心率确定运动负荷:研究和实践表明,对于一个健康水平一般的大学生来说,当运动强度达到他最大心率的 65%～85%时,锻炼效果则最佳。

如何用锻炼时的心率确定运动负荷的方法:

第一步,计算出你的最大心率,其方式有两种:第一,如果你是一个没有训练基础的人:220 次/分－年龄＝最大心率;第二,如果你是一个有训练基础的人:205 次/分－年龄的一半＝最大心率。

第二步:计算出你健身的心率范围。美国健身研究协会推荐的健身指示区是:最大心率×(65%～80%);美国人心脏学会推荐的健身指示区是:最大心率×(60%～75%);美国运动医学院推荐的健身指示区是:最大心率×(65%～90%)。心率在上述指标范围内均属有氧运动,故称健身指标区。百分比的指数越高,对身体的影响就越大,锻炼的效果就越明显。如果百分比指数超过上述范围,则属无氧训练,对一般健身无益。但过低,对健身又无任何作用,只能是一般的活动而已。因此,只有确定适合于自己的负荷,才能收到最佳的锻炼效果。

2.利用锻炼时的感觉确定运动负荷

在锻炼过程中经常地自测心率是不十分方便的。瑞典生理学家在1973年研制了主观体力感觉等级表,这种方法是用主观心理用力感觉等级表(简称 RPE)作为运动时心理负荷的标志,该表自我感觉分为 6 级～20 级,并以 RPE 值乘以 10 为接近当时负荷者的心率水平。

(三)健美操锻炼后的放松活动

放松运动是健美操的内容之一,绝不是可有可无的。运动后的整理和放松能使人从运动到停止运动之间有一个缓冲、整理的过程。人体在激烈运动时,能量消耗是很大的,需要摄取大量的氧,如果突然停止运动而不做整理活动,这不仅会影响氧的补充,而且会影响静脉血的回流和心脏输送量,造成一时性的脑贫血、血压降低等不良现象。所以运动后的整理和放松是十分必要的。

大学生处于身心全面发展的最后阶段,只有全面地掌握健美操的基本常识和特殊要求才能更快、更好地掌握健美操运动技术,达到真正的锻炼目的。

实例分析:郑州市高校非体育专业健美操课程设置问题简析

案例中以郑州市各高校非体育专业健美操课程开展情况为调查对象,分析现阶段健美操课程内容形式单一,学生的学与教师的教无法统一,社会需求与学生掌握知识之间无法相适应等问题进行研究,探寻产生这些问题的原因,以期为优化健美操课程设置,提高教学质量提供借鉴。从 1984 年北京体育学院、上海体育学院先后成立健美操教研室起,健美操就以其独特的魅力走进了各大高校体育课程当中,并成为一项深受师生欢迎的教学内容和锻炼项目。随着近几十年的发展健美操课程设置逐渐跟不上学生和社会的需求,案例旨在讨论分析出现这种现象的原因,以及优化这一现象的手段与方法。

1. 现阶段健美操课程设置及出现的问题

（1）课程设置概述

课程设置是教育计划的核心，它具体勾画出实现培养目标的"蓝图"，是把教育目标与教学实践结合起来的桥梁，课程设置主要由：课时安排、课程开设顺序、课程时间分配、考试考查制度和实施要求几部分组成。

（2）现阶段健美操课程设置出现的问题

①本科阶段与研究生阶段课程内容雷同

健美操的课程内容设置从大学本科到研究生"大众健身套路一跳到底"，全国推广的健美操大众等级套路成了学生们健美操课堂上唯一的学习内容，简单一贯，整体划一的教学内容，导致健美操应有价值的丧失，如休闲、健身、娱乐价值等。这样的情况导致学生们对健美操课程兴趣的丧失。

②课程设置结构存在的问题

课程设置结构与培养目标不符。健美操教育总的培养目标是：掌握基本健美操步伐套路，基本乐理知识，具备一定的健美操创编能力和欣赏能力。但从实际来看，课时分配少，课堂内容更多地注重基本套路模仿，基本不涉及编排的内容，使学生丧失了创编的能力和机会。

③课程结构时代性不强

各高校的健美操课程设置都趋于一致，缺少针对本校特点的独有课程，而且课程设置更新速度慢，未能够站在学科发展角度对教学课程进行及时优化和改进，很多课程的教学内容陈旧。

2. 现阶段健美操课程设置出现问题的原因

（1）体育思想意识淡薄

大多数学生对体育运动的态度表现为冷漠，缺乏对体育的认识，对于老师课堂教授的知识只是简单的接受，没有深层次地进行加工和再认知，学习体育知识和体育技能的能力非常薄弱。

（2）学生兴趣项目的选择

从调查结果中分析看到，大学是充满活力、生机盎然的象牙塔，自我肯定是当代大学生的心理特点,他们希望从体格、体质、性格等方面发展自我、表现自我、健全自我、提高自我,而体育运动恰恰是实现此种目标的有效手段。但因为当代大学生缺乏基础的体育知识与技能,没有掌握科学、有效地锻炼方法,在他们心里因此会产生各种各样的担心与焦虑,如担心自己盲目锻炼会导致形体的丑化,担心参加体育运动会使自己身体肥胖,因而在心理上会对体育锻炼产生误区,学生们需要走出误区,正确的认识体育锻炼的价值与意义,在体育课堂中学到对他们的身心发展有积极作用的知识与技能,对学生们身体素质的提高与个性特点的发展能够起到积极的作用,奠定学生的终身体育意识。

(3)师资力量的薄弱

高校健美操师资队伍的职称比例、学历比例、基本上未达到国家规定的大体要求,高校师资队伍的年龄结构倾向于年轻化,此方面符合健美操项目的年龄结构需求,使高校师资队伍的专业化发展具备了一定的可塑性也可以看到其中师资队伍的性别结构、学员结构等存有不合理现象,如其中女性教师数量比例较大,学历结构趋于单一,大部分教师长期被封闭于一种封闭的教学环境中,外出学习的机会非常少,高校健美操教学内容的发展与改革受到了一定的束缚。

3.优化健美操课程设置方案

(1)加强对学生的体育思想教育

第一,加强学生终身体育能力的提高。努力使学生们在获得体育知识与技能的同时,又能练就一两项突出的,学生自身钟爱的体育项目作为自己的终身体育项目,培养学生正确的体育观和审美观,养成独立锻炼、正确自我评价的习惯与能力,增强学生运用体育环境和条件的能力等,使学生能在自我参与过程中,获得自身的发展;第二,人们能够坚持终身体育的第一动因往往有赖于运动兴趣的培养与锻炼习惯的养成。高校体育教师在指导和组织学生进行健美操课程学习活动时,应充分地引导与激发学生对健美操运动的兴趣,使学生在内心深处真正的喜欢健美操,接受健美操运动。教师无论是在讲解、示范,还是组织教学等各个教学环节中,都要注意激发学生的学习兴趣,调动学生参与的积极性,向学生提供能够充分展示自我运动才能的舞台,使学生真正感受到健美操运动对自身身体素质与技能提高的实效。

(2)教学面向全体学生,因材施教

面对全体学生时,每个学生个体之间的天赋与性格存有着巨大的差异,因而学生个体表现出来的能力与特点也不尽相同。教师在面向全体学生进行教学时因充分分析考虑每个学生的个体差异性,因人而异,因材施教。开设多种类型的操化课程,例如:搏击健身操、瑜伽健身操、哑铃健身操等,让学生自由选择喜欢的项目进行学习与训练,使学生各自发挥自身优势,激发出学生的学习兴趣,健美操课程的教学才能够达到事半功倍的效果。

(3)提升高校健美操师资队伍业务水平

提升师资队伍业务水平,一方面应重点培训培养年轻教师,使年轻的体育教师成长为健美操教学的中流砥柱;另一方面聘请专业的高水平的健美操教师定期为年轻的高校健美操教师进行指导与培训,分层次分级别的举办健美操师资培训学习班,还可以经常开展在岗教师经验交流会、报告会等学术技术交流活动,改善现有师资队伍的知识、能力结构,达到提升其业务水平的目的。还应注意加强健美操教师的业余培训,如定期组织各个高校的健美操教师进行业务学术交流,定期组织开展各级各类的健美操比赛,激发教师、学生对健美操的教学、学习动力,还应同时注意培养与提高健美操教师的体育科研能力,使健美操教师养成用理论指导实践,用理论提升教学效果的能力与习惯。

4. 案例启示

(1)各级学校体育教育管理部门应充分考虑学生现有水平的实际情况和个体差异性,大胆改革健美操课程教学内容,开展设置若干组具有特色的健美操课程,在能够满足学生兴趣需要的同时,又能促进学生身体素质与心理素质的整体发展。

(2)各个高校应加强体育师资队伍的建设,提升相关专业教师的业务水平,教师自身也应加强其综合素质的提高,来提升健美操课程的整体品位,激发学生的学习兴趣,满足学生的高标准课程质量的需求。

(3)以社会需求为导向。高等教育的发展,大学生就业模式也由原来的包分配转化为双向选择的方式,双向选择已经成为学生就业的主导渠道。高等院校的学生以社会需求为导向,加强自身素质的提高,强化全面发展思想,紧紧跟上社会上对专业技能需求的变化,促进就业。

第五章　高校传统体育科学化发展理论与创新

第一节　高校传统体育的科学化挖掘与整理

多姿多彩的高校传统体育活动有着本民族和本地区的独有特征,是一种文化传统积淀,也是一种体育活动形式,一些简单易行、经济实用的民族体育项目为很多尚无能力进行高消费体育项目的人提供了健身选择,因此,挖掘和推广高校传统体育意义重大。

一、挖掘和整理高校传统体育的意义

在新的时代背景下,充分挖掘和整理我国高校传统体育具有重要意义,其主要表现为:第一,可以丰富我国体育文化内容;第二,可以促进体育理论和教学实践的发展;第三,可以推动竞技体育及全民健身的发展;第四,可以促进民族团结和社会安全与稳定。

(一)丰富体育文化并弘扬中华传统美德

我国高校传统体育根植于我国传统文化的社会背景,项目繁多,是灿烂的中华文化的重要体现形式和载体,其在一定程度上反映了我国各族人民的民族心理、民族风俗习惯等各方面的内容。在我国历史发展的不同时期,高校传统体育对人们的生活产生了重要的影响,是我国体育文化的重要瑰宝。因此,对我国高校传统体育的挖掘和整理既是对体育文化的一种继承,也是一种拓展。

高校传统体育项目反映了我国人民淳朴善良、勤劳勇敢、自强不息、

重德贵义、仁爱孝悌、诚信好礼、团结爱国等传统美德。它不仅为丰富群众的业余文化生活提供了可供选择的活动内容,而且还能使人们在活动中感受中国传统文化的魅力,激发其传承和发扬中国传统美德的情感。

(二)促进体育理论和教学实践的发展

理论是在长期实践的基础上形成的,其对实践具有重要的指导作用。在体育实践过程中,人们通过对实践经验进行总结和不断完善,从而形成了相应的理论,最终构成了体育文化形式和体育形态。

在高校传统体育的实践过程中,人们不断对实践的经验进行总结,从而形成了各种理论,在这一过程中,各族人民发挥了自身的才智,通过整理、记录和规范,使得高校传统体育的发展有了一套行之有效的方法,并建立了竞赛规则,使之更便于普及与推广,这在一定程度上促进了我国体育理论的发展。

高校传统体育作为我国民族文化的重要载体,其具有重要的教育意义,在高校中开展高校传统体育教学不仅能够在一定程度上促进学校体育与社会体育的结合,还为学生的终身体育思想奠定体育活动基础。

(三)推动竞技体育及全民健身的发展

高校传统体育是我国体育活动的重要组成部分,挖掘和整理高校传统体育活动,能有效推动竞技体育及全民健身活动的开展。具体表现如下:

首先,我国高校传统体育内容丰富,项目众多,可以把其中许多项目发展成为竞技体育运动,还可以从一些高校传统体育项目中掌握和借鉴一些训练方法,如标枪运动中肩带的力量训练方法就是借鉴武术中的"耗肩"动作。

其次,高校传统体育极富魅力的文化背景,许多项目其社会表现形式紧紧依附于地方传统文化和传统节日之中,活动氛围轻松活泼,既能娱乐又富有健身价值,因而深受各民族人民群众的喜爱,我国有 56 个民族,有几百种高校传统体育项目,这为不同地区的民众健身提供了极为丰富的内容和形式,也为全民健身活动的开展提供了丰富多彩的练习形式和方法。

二、高校传统体育不同内容的挖掘与整理

高校传统体育包含的内容很多,在对其挖掘与整理的过程中,应着重注意以下几个方面,通过对多方面高校传统体育内容的挖掘,能很好地促进我国高校传统体育的可持续性发展。

(一)健身娱乐类高校传统体育项目

1995年,国务院正式颁发实施了《全民健身计划纲要》,这标志着我国大众体育进入了一个全面发展的新阶段,全民健身热潮开始兴起,加之人们生活水平日益提高,其对生活质量的要求越来越高,参加体育活动日益成为人们日常生活的重要内容,闲暇体育、终身体育成为社会潮流。此外,随着"假日经济"在我国的盛行,在长假消费中,人们尽情地享受生活,全国各旅游景点,都纷纷推出了自己的特色体育项目来吸引游客,这对当前高校传统体育项目的挖掘和整理是非常有利的。

(二)学校教学类高校传统体育项目

1949年以后,在政府的提倡和号召下,我国一些锻炼价值较高的高校传统体育项目相继被列入全国或地方学校体育教材中,如武术、八段锦、秋千等。目前,随着体育教学在学校教育中的地位越来越高,我国高校传统体育项目受到了学校的普遍重视,一些娱乐性和文化性较强的高校传统体育项目,如踢毽子、跳绳、拔河等逐渐进入学校体育课堂。对这类高校传统体育项目的挖掘、收集、整理和创新工作将成为我国学校体育教材改革的突破点,也是高校传统体育挖掘和整理工作的重要工作内容之一。

(三)竞技体育类高校传统体育项目

竞技体育以其竞争激烈、观赏性强的特点深受世界各国人民的喜爱,

如倡导"更高、更快、更强"体育精神的奥运会就在世界上产生了广泛的影响力,深受各个国家的重视。

对我国而言,挖掘和整理具有竞技性质的高校传统体育项目,并对其进行合理的改革,制定统一的竞技标准,使其成为奥运比赛项目,并将其推向世界具有重要意义。经过我国相关人士的积极争取和努力,高校传统体育项目中的优秀代表项目——武术,逐渐成为一个走向世界的东方体育项目。因此,要想把更多的优秀的高校传统体育项目推向世界,还要在高校传统体育项目及内容的挖掘和整理工作上下功夫。

(四)适合家庭开展的高校传统体育项目

现代社会,人们的生活方式和健身观念发生了很大变化,尤其是随着人们的生活日益富裕,人们对生活的质量要求越来越高,重视家庭、关爱儿童成长的家庭体育也开始逐渐升温。

现阶段,体育逐渐步入家庭,标志着我国家庭体育的兴起,家庭体育活动逐渐成为我国体育事业发展的重要趋势之一,也是我国体育事业发展的一个重要的方向,进而使全民健身进入了一个新的领域。因此,对我国高校传统体育的挖掘和整理应顺应我国体育发展的客观规律,注重开发一些适合家庭开展的项目,并在开发这些高校传统体育项目之前,进行科学和系统的研究,使之在家庭体育中具有可操作性。

(五)适合产业化发展的高校传统体育项目

我国高校传统体育起点较低,长期以来,它仅作为一种游戏流传于民间。进入 21 世纪后,体育的商业价值逐渐显现,很多人开始从市场的角度来发展体育事业,通过市场营销手段,推动健身运动的发展,再推出相关体育产业发展的道路。

"没有任何一种单一的社会现象更能如此地受到媒体的关注,体育是一个巨大的商业,而且这种现象会越来越明显。""中国体育由社会体育、学校体育和竞技体育三部分组成,这是中国体育进行、发展和管理的社会现实,也是中国体育决策的依据。"由此可见,我国体育产业应围绕社会体育、学校体育和竞技体育展开,这给高校传统体育的挖掘和整理工作提出了更高的要求。

现阶段,既要挖掘、整理出好的高校传统体育项目,又要有利于体育产业的顺利发展,两方面都要兼顾。这就需要我国高校传统体育研究者和工作者的共同努力,也需要政府的大力支持。就目前来看,以高校传统体育为契机,促进我国高校传统体育以及我国体育产业化发展之路还很漫长。

四、高校传统体育挖掘与整理的注意事项

在挖掘和整理我国高校传统体育过程中,要注意突出民族特色、竞技性特点、提炼精华和强调时代精神等四个方面。

(一)突出民族特色

高校传统体育是我国各民族发展的智慧结晶,它与各民族人民的现实生活和文化现状紧密相连,其生命力就在于它的民族特色,它之所以能够经久不衰,就是因为它包含了各民族的文化内涵。因此,对高校传统体育的挖掘和整理应尽量保留其民族特色这一核心内容,在现实生产和生活的基础上,丰富和充实其内容和形式。但需要注意的是,应避免单纯地为了保留民族特色而复原高校传统体育原生形态的情况出现。

(二)突出竞技特点

在体育全球化的今天,要想实现我国高校传统体育与世界体育的接轨,就必须充分挖掘高校传统体育项目的竞技特点。在我国传统民族体育项目中,有一些高校传统体育项目本身具备一定的竞技性特点,但并不突出。对此,可在经过合理的完善和整理之后,将其推向全世界。如我国优秀高校传统体育代表项目——武术,武术的出现和发展凝结了我国各族人民的智慧,其独特的表演风格和蕴含的丰富哲理,深受世人的喜爱。此外,我国高校传统体育中的赛龙舟、舞龙、舞狮、摔跤等也具有一定的竞技性,具有很大的发掘潜力。

(三)除陋扶良,提炼精华

在社会发展过程中,很多理论都是在实践检验的基础上得以留存和发展的,其具有一定的科学价值。随着时代的发展,虽然高校传统体育理论会表现出一定的局限性,但是现实意义还是值得肯定的。在高校传统体育的整理和挖掘过程中,应坚持矛盾的观点和发展的眼光,坚持"古为今用"和"批评地继承"原则,尤其是对一些迷信和不健康的内容要坚决予以清除。而对于那些能反映民族性格和民族文化,体现民族精神的精华要予以保留。

(四)强调时代精神

高校传统体育的民族性、传统性和文化性具有巨大的价值。不同时代背景下的高校传统体育项目有其相应的时代价值和意义。随着时代的变迁,高校传统体育也要符合时代的要求。这就要求在对高校传统体育进行挖掘和整理的过程中,对高校传统体育项目进行必要的改造。事实证明,只有符合时代发展的需要,符合人体运动规律,真正意义上集健美和娱乐于一身,以精神性和体育性为依托的高校传统体育才能被广大人民所接受和喜爱。

第二节　高校传统体育的科学化传承

高校传统体育在传承与发展的过程中需要遵循一定的原则,并采取一定的手段和策略,使其科学化地传承和发展。

一、我国高校传统体育传承原则

(一)坚持"民族性特质"原则

不同的民族具有不同的文化,不同的民族文化具有不同的发展模式,文化模式反映出一种文化特质和内容相互融合时的特殊形式,这种特殊形式是与其他民族文化有区别的,能反映出不同民族的文化内容、结构和特征。高校传统体育文化模式所表现出的文化特质就是该民族所独有的文化特色。结合文化模式的特殊性表现可知,我国高校传统体育应首先确立其"民族性"特质,只有这样,才能使高校传统体育的传承和发展切实可行。

为了促进高校传统体育在保持民族性特质的基础上真正实现全球化发展,就必须在构建高校传统体育文化模式时把高校传统体育的"民族性"特质放在首位。

现阶段,为了更好地保持高校传统体育的"民族性"特质,应做好以下两个方面工作。一方面,选择高校传统体育正确的发展途径,并采取积极有效的措施保持"区域民族特性";另一方面,在高校传统体育现代化进程中,坚决保持高校传统体育文化的精髓不丢失。

(二)坚持"文化筛选"原则

文化筛选是建立在对高校传统体育文化再认识和发掘过程中的。文化变迁是指以文化特质、文化模式和文化结构在内的一切文化上的变化。文化变迁的本质特征就是文化筛选的过程。社会学理论认为,文化变迁是社会发展的主要动力,也是文化得以存在的基本属性。文化变迁的实质是将原创文化与现时社会的各种因素(如政治、经济、制度、环境等)进行全方位的接触和碰撞,在此过程中形成鲜明的现代社会意义和价值对比,进而实现文化的转型与变迁。

对我国高校传统体育来说,在高校传统体育文化变迁过程中,找到一个新的文化与社会发展相适应的结合点,对于构建高校传统体育文化具体模式具有非常重要的意义。我国高校传统体育项目内容丰富,形式多样,这构成了一个庞大的资源系统。

目前,我国许多高校传统体育项目都或多或少地存在着不科学的或与现代社会发展不相适应的因素,这些因素成为阻碍我国高校传统体育现代转型和发展的主要因素。因此,现阶段充分发展高校传统体育的先进性特质,重点挖掘文化遗产中高校传统体育文化的精华部分,同时摒弃我国民族传统文化中封建性糟粕部分,才能使高校传统体育始终保持旺盛的生命力。故坚持文化筛选原则是传承与发展我国高校传统体育必须遵守的原则之一。

(三)重塑高校传统体育的原则

现阶段,全面促进高校传统体育可持续发展,就必须坚持以发展的社会观为指导,以人的可持续发展为根本目的,以体育所承担的社会功能为根本出发点,并运用现代体育观念为理论基础对我国高校传统体育进行发掘、甄别、选择、解构、分析、扬弃、重构、转化与创新。当前,坚持重塑高校传统体育原则必须以"体育服务大众、服务现代社会"的科学发展观为根本指导思想,同时,还要做好以下几方面的工作。

1.坚持利用科学的理论与方法对传统民族体育进行研究和创新。用现代化发展理论和理念诠释高校传统体育中的一些古老命题,并赋予其新的文化内涵和意义。

2.重视对高校传统体育进行现代改良,即将高校传统体育放在体育全球化发展的范围内进行分析、评价和对比。

3.在传承高校传统体育的同时,充分借鉴西方先进的体育思想、机制和观念,将西方体育发展理念融入民族体育中的同时,又能保持高校传统体育的"中国"特色。

4.不断丰富高校传统体育的现代化发展内涵,从文化属性上对高校传统体育进行改造和创新。

5.立足于现实,对高校传统体育形式和内容加以重塑和改造,寻求高校传统体育的当代效用。

二、我国高校传统体育传承策略

我国高校传统体育传承与发展,不仅需要把握一定的原则,同时还要掌握一定的发展策略,这样才能保证其健康和有序的发展。

（一）正确认识高校传统体育的两重性

文化学理论认为，文化具有两重性，而且这种双重性是永远存在的。高校传统体育文化的两重性具体表现为文化的时代性、民族性和普遍性。首先，文化处在不断的发展和变化之中，随着社会环境的改变，在不同的历史时期，都有其鲜明的文化特点，即文化具有时代性特点。各个民族具有其自身的特点，这与其地理环境、社会历史等具有很大的关系，这也就造成了文化的民族性特点。其次，文化具有一定的普遍性和继承性，不同的地区和民族之间，其文化在一定程度上会有一定的共性。

我国高校传统体育文化的两重性表现在两个方面，具体如下：

（1）我国高校传统体育发展受不同民族意识和社会生活状况，呈现出多样性和地域性等特点。

（2）在现阶段，高校传统体育在发展过程中受到中华民族整体先进社会文化的影响，表现出鲜明的时代特征；此外，不同民族特性鲜明的体育项目，在其发展形成的过程中又不断受到我国其他少数民族文化的影响，进而使得其他的少数民族体育文化表现出一定的共性。

总之，民族体育作为我国体育文化的重要方面，具有时代性、民族性、普遍性和时代性的发展特点。在体育全球化发展的今天，应认识到高校传统体育的两重性，更好地继承和发展高校传统体育，使其在现代社会中发挥更大的作用。

（二）坚定高校传统体育的文化性特点

高校传统体育是我国文化体系的重要方面，其不仅具有丰富的内容，还包含有深刻而丰富的哲学内涵，与我国人民的思维方式、伦理道德和价值体系等方面密不可分，并形成了我国独特的体育体系。

"高校传统体育如同一个容量巨大的容器，浓缩着大量极为重要的文化内容，其所表达的文化信息的方法程度是常人难以想象的。"高校传统体育是我国的重要文化遗产，其源于人们的日常生活，并在一定的社会环境下发展。很多高校传统体育项目都彰显着我国人民丰富的想象力和创造力,并且其得到了一定的继承和发展。

应该认识到,高校传统体育之所以具备旺盛的生命力,这与其具有鲜明的当代价值,文化继承的广泛受众土壤以及拥有适宜的文化生存环境等因素是分不开的,我国高校传统体育在历史发展过程中,其受到我国民族文化的多方面影响,从而形成了具有一定文化内涵,并且自成体系的高校传统体育体系。高校传统体育具有重要的作用,承载着多种文化信息,这是高校传统体育民族文化价值的重要表现。现阶段,只有既重视我国高校传统体育文化的本质文化属性和特点,又善于借鉴其他优秀民族文化以及民族文化的优秀部分,才能促进高校传统体育的不断传承。

(三)坚持高校传统体育的整体性传承

整体传承是文化传承的要求,即在高校传统体育传承过程中,传承我国高校传统体育的全部内容和形式,将高校传统体育完整地传承下来。在高校传统体育发展过程中,其不仅融合了我国的传统思想和文化观念,还融入了我国人民的世界观、价值观和人生观,一旦离开了民间的文化土壤,高校传统体育就变成空中楼阁。因此,在高校传统体育传承过程中,一定要重视高校传统体育的整体传承。

(四)推动高校传统体育的本土化发展

在高校传统体育传承中,坚持本土化发展是必不可少的。现阶段,推动高校传统体育的本土化发展应做好以下工作。

1.加大高校传统体育的宣传教育力度

实施高校传统体育本土化策略,需要在人民群众中做好宣传工作,以提升高校传统体育在社会中的地位。具体来说,应做到以下两点:

(1)充分利用电视、电影、网络、报纸和杂志期刊等宣传媒介在全国乃至世界范围内大力宣传高校传统体育,让高校传统体育成为人民大众喜爱的体育项目。

(2)充分利用各种文化场所和教育设施广泛地普及和推广高校传统体育,尤其是把高校传统体育引入学校体育课程,开设各种能强身健体和愉悦身心的体育项目,将高校传统体育教育纳入学校全面素质教育。

2.积极发挥政府部门的宏观调控作用

政府对高校传统体育有着不可推卸的保护和扶植责任,政府要对高校传统体育提供必要的政策扶持,对此,应做好以下两个方面的工作。

(1)健全和完善我国高校传统体育法律法规制度。现阶段,政府应根据我国高校传统体育的具体实际,制定出有针对性的保护各高校传统体育的总体规划,不断加强民族体育传统文化保护的立法工作,进一步明确我国高校传统体育保护的法律地位。

(2)对我国高校传统体育采取保护性策略。政府部门应在挖掘、整理和研究高校传统体育的基础上,设立专款专项对一些濒临失传的高校传统体育项目进行抢救性保护。

3.正确应对现代竞技体育的市场化冲击

受现代竞技体育的冲击,在市场经济高速发展的今天,高校传统体育因没有一套完整的适应市场经济发展的制度,不能在市场中进行合理运作,从而陷入了生存危机。对此应予以充分重视,并做好以下工作。

(1)重视挖掘和整理高校传统体育优秀文化,充分挖掘中国传统的体育文化,探析我国高校传统体育中的思想精华,在保证高校传统体育文化本质的基础上求发展。

(2)将高校传统体育的传承发展与当前经济发展结合起来,合理运用市场机制,吸引社会资金向高校传统体育市场流动,建立适合高校传统体育发展的现代化市场运作模式。

(五)构建高校传统体育的多元化保护

文化的"多元化"表现为具体文化形式和风格的多样化,其实质是坚持文化主体、坐标和取向之间的异质性和异向性。当前,在全球化发展背景下,科学传承高校传统体育文化,正确处理好高校传统体育的多元一体化发展,应采取以下措施。

1.优先保护和培养高校传统体育继承人

要培养一批优秀的、具有专门知识和高超技能的高校传统体育继承人。因为这些创作并传承高校传统体育的优秀人才所承袭的高校传统体育文化,更加接近于高校传统体育的"非物质形态"属性的本质和内涵,是高校传统体育得以保持其根本文化属性的关键所在。

2. 加强对非物质文化遗产的重点保护

加强对高校传统体育中非物质文化遗产的保护是当前高校传统体育传承和发展的工作重点。在实践中,可以实施以下保护措施。

(1)通过表演树立品牌效应。随着人们生活水平的提高,社会大众从关注生存向文化享受上转移,对于民族体育及文化,人们更希望通过实地参观来对地方体育民俗文化特色增加切身感受,但这种愿望往往受到时间和空间的限制。鉴于此,可以通过建设民族体育的产业园区,建立民族体育休闲区、体育活动中心以及体育表演馆等场所,增强民族体育的趣味性、娱乐性和休闲性,将高校传统体育这一非物质文化遗产打造成品牌,将更多的人吸引到这些体育项目上,使人们喜爱参与并能亲身感受到极具特色的民族风情和高校传统体育文化的博大精深。

(2)拓宽公众参与的渠道。在有效保障高校传统体育文化的同时,提高公民的文化素质。为此,一方面,通过全面健身运动,针对不同的消费群体,开展各种不同的高校传统体育活动,如赛龙舟、舞龙、舞狮等;另一方面,通过对传统特色体育项目的挖掘,如建立与之相应的场馆,太极拳馆、武术馆和摔跤俱乐部等;最后,借鉴中国武术博物馆、苏州中国昆曲博物馆等专业博物馆的成功经验,建立高校传统体育博物馆,将高校传统体育文化特性展示给人们,使人们更加立体和全方位地了解和认识我国唐朝的马球、明朝的捶丸及武术、射箭和气功等高校传统体育及文化。

(3)促进高校传统体育的商业化,完善体育竞赛体系。通过开展多种形式的高校传统体育竞赛,能够促进高校传统体育的传播,促进其产业化发展。通过开展多种形式的高校传统体育竞赛,能够促进人们之间的交流与切磋,不仅能够实现体育运动项目的发展,还能够促进人们之间的交流,对于当地经济的发展也具有积极的意义。

3.建立专业的保护队伍和研究机构

我国民族众多,高校传统体育项目内容异常丰富,但就我国大多数高校传统体育的发展地域来看,它们大都地处偏远,环境复杂,所以,组建一支高效的高校传统体育文化保护队伍和研究机构势在必行。

为了促进我国高校传统体育的继承和发展,应积极组织和培养相关的专家和学者,科学地开展相应的研究和整理工作,建立相应的高校传统体育的保护体系,实现其更好的发展。需要注意的是,加强对高校传统体育的科学研究,不仅需要强有力的理论支持,更需要科研人员或科研机构能够推出一系列具有可操作性的研究成果。

此外,在对高校传统体育的保护和发展过程中,应积极学习他国的相关经验,借鉴其先进的理论,避免错误的道路。为了促进高校传统体育文化的传播,使得高校传统体育实现可持续的传承和发展,国家体委和相应的体育教育部门应将民族传统这一非物质文化遗产列入教材,促进其文化的传播。目前,我国对高校传统体育的研究尚处于起步阶段,研究任务任重而道远。

4.动员社会力量共同保护高校传统体育

保护和继承高校传统体育文化是一项长期任务,社会各部门要积极配合,充分发挥和协调政府、社会团体和人民大众等力量和资源,并做好以下几方面的工作。

(1)充分利用大众传媒手段。现代社会大众传播范围与速度非常广泛和迅速,高校传统体育要利用好大众传媒在当今社会的号召力,正确吸引更多人关注我国高校传统体育的发展,进一步扩大高校传统体育的社会覆盖面,使之潜移默化地影响人们对高校传统体育的态度和行为,从而实现高校传统体育的发展。

(2)建立健全以运动会为周期的竞训体制。现阶段,我国某些高校传统体育项目要想走竞技化发展道路,就必须同现代运动训练结合起来,否则难以获得较好的发展。因此,高校传统体育要形成自己的一套完整的、有针对性的竞训体系,培养出具有较高水平的高校传统体育技能的专业运动员,通过这些优秀运动员和比赛发扬和传承我国高校传统体育。

(六)传承中谋求高校传统体育的发展

传承高校传统体育的根本目的是高校传统体育得到更好的发展,同样,高校传统体育的发展会促进高校传统体育的传承。传承与发展并举,才能使我国高校传统体育永葆其生命力,在国内外展示它的艺术魅力。因此,在重视传承高校传统体育的同时,要充分注意保持高校传统体育的传统性,在高校传统体育传承的基础上谋求发展。

第三节　高校传统体育科学化发展的途径与策略

我国高校传统体育发展途径很多,因此必须找出适合高校传统体育发展的最优途径,然后采取必要的手段和措施促进其科学化发展。

要促进我国高校传统体育科学化发展,首先,要建立和健全高校传统体育研究的学科体系;其次,应加强高校传统体育与社会体育、竞技体育和学校体育之间的融合与发展;最后,还要加强高校传统体育与世界文化之间的交流。

(一)健全高校传统体育研究的学科体系

健全高校传统体育研究的学科体系是促进高校传统体育发展的重要理论建设和重要途径之一,且具有现实可行性。这是因为,随着社会科学研究手段和方法的不断进步,这些先进手段和方法被应用于高校传统体育研究之中,能为高校传统体育在新时期的发展奠定良好的基础。

当前,要逐步建立起一个完善的高校传统体育研究学科体系,还要做好以下几方面的工作。

1.重视高校传统体育研究人员的选拔。要进行跨学科研究,即组织一批具有文化学、民族学、民俗学和体育学学者进行合作研究,坚持用严谨的科学态度和方法对高校传统体育进行甄别和选择,进而进行全面、深刻的研究。

2.重视高校传统体育的文化研究。从高校传统体育文化内涵中进行全面深刻的分析和探寻高校传统体育的本质特征,用现代理论对高校传统体育中一些古老的命题进行诠释,赋予其新的内涵,使其富有新的意义。

3.对高校传统体育进行科学整合。当前,高校传统体育的发展应结合现代体育的组织形式,既要显示其鲜明的民族特性,又要使其具有广泛的世界性,使高校传统体育在世界范围内实现其真正意义上的复兴。

(二)广泛开展高校传统体育的社会教育

作为一种体育活动,我国高校传统体育项目被纳入了全民健身体系,在社会大众中广泛普及高校传统体育,通过社会教育,使社会大众接纳高校传统体育,进而参与和推广高校传统体育,通过社会力量来促进高校传统体育的发展,是完全切实可行的,这是因为以下几点:

1.高校传统体育中蕴含着鲜明的民族文化特色,其表演性和娱乐性强。

2.场地要求不高,技术也不复杂,便于开展学习。

3.民族体育项目具有很好的健身与娱乐功效,对强身健体和娱乐身心都具有重要作用。

4.通过非学校教育让社会大众学习和了解民族传统文化观念和知识是重要途径。例如,通过相应的节日庆典、体育旅游活动等,使得民众更好地参与和体验高校传统体育,这种形式的民族体育传播活动能够扩大其在民族群众生活中的普及性,从而使其得到更加广泛的传播。另外,民族的生活习惯与民族的文学等方面有着相互联系,从而使得高校传统体育具有了文化继承的必然性和必要性。目前,我国各民族地区都开展了相应的民俗旅游活动,有效推动了当地经济的发展,也更好地保证了民族文化的延续。这种形式的高校传统体育实现了经济效益与社会效益的统一,不失为一种良好的发展方式。

5.高校传统体育的"生活化"是可持续性发展的重要途径。在体育运动发展过程中,只有具有广泛的群众才能实现更加广泛的发展和传播。现阶段,我国的经济社会不断发展,人们的生活水平不断提高,这在一定程度上促进了人们对于体育健身的追求。而高校传统体育根植于民族文化生活之中,有着广泛的群众基础,并且符合当前大众的消费能力。因此,通过在社会大众中推广、普及和发展,使高校传统体育的市场化和产业化发展具有良好的优势。

(三)促进高校传统体育同竞技体育的结合

在体育全球化的今天,竞技体育在世界体育中占据重要地位,我国民族传统要想走出国门,必须符合世界体育的发展趋势,因此,促进高校传统体育同竞技体育的结合,实现高校传统体育的竞技化势在必行。目前,我国高校传统体育的发展具有一定的制度保障——各个省、自治区、直辖市定期开展的民族体育运动会制度,一些特色的高校传统体育登上了运动会的舞台,实现了传播和发展。高校传统体育的竞技化发展过程中,各种形式的民族体育运动会是其重要的舞台,也是其竞技化改造的方向。

当前,在高校传统体育竞技化改造过程中应注意以下问题:

1.高校传统体育竞技化发展不应过分追求功利,应更加强调多民族文化的交流与融合,体现人性,使之更富有亲和力。

2.高校传统体育的竞技化不应是精英型的选拔式和强力展示,而应是全民可参与的、互动式的运动。

3.在高校传统体育的经济化发展过程中,应注重其健身功能的发展,彰显其娱乐价值,并注重老年人和女性的参与,使其成为大众休闲娱乐和运动健身的重要选择。

(四)加强传统体育同高校体育教育的结合

高校作为传承和发展高校传统体育的中介,是原始体育走向规范化、科学化和普及化的必由之路。实践表明,同高校教育相结合,一方面,可以推动民族学校的校园文化建设；另一方面，传统体育可以高校作为中介，完成向高水平竞技体育的发展。

将传统体育纳入高校体育教学，如何能有效促进我国高校传统体育的长足发展，我们应做好以下工作：

1.政府部门应制定一些有利于传统体育在高校开展的政策和措施。

2.教育部门应采取必要的措施支持传统体育活动在高校开展。

3.科学选择高校传统体育项目，遵照人体发育的基本规律，选择一些适于学生开展的体育运动项目。

4.将传统体育的文化延伸和扩大到教材中去，使教材更具有民族性特点，成为高校体育教学内容的有益补充。

5.高校传统体育课程的设置和安排要合理、科学。

促进高校传统体育文化的发展是个漫长的过程，随着我国社会的不断发展与开放，在当今世界文化交汇之际，我国高校传统体育正以崭新的时代风姿走向世界，成为全世界人民共同的精神财富。

参考文献

[1]徐伟龙,王斌.传统体育武术非物质文化遗产在全国高校发展现状分析研究[M].青岛:中国海洋大学出版社.2017.

[2]薛凌.高校传统体育理论、发展与技能研究[M].北京:中国水利水电出版社.2017.

[3]于炳德.高校传统体育教学改革[M].哈尔滨:哈尔滨出版社.2020.

[4]梁田作.高校传统体育教学模式的创新性研究[M].长春:吉林人民出版社.2020.

[5]权黎明.高校学术文库体育研究论著丛刊传统武术文化教育发展审视[M].北京:中国书籍出版社.2019.

[6]孙亚敏,黎桂华,崔熙.高校传统体育课程设置与教学研究[M].北京:中国时代经济出版社.2014.

[7]郭小晶,张俊霞,张冰.高校传统体育课程教学与实践研究[M].北京:中国时代经济出版社.2013.

[8]王新青.现代高校传统体育的发展与教学分析[M].北京:科学出版社.2019.

[9]李红.高校传统体育项目理论发展与技能研究[M].北京:中国原子能出版社.2020.

[10]张四方.高校学术研究论著丛刊我国传统体育文化保护与多元传播路径探析[M].北京:中国书籍出版社.2024.

[11]谢靖宇.传统体育在高校体育教学中的实践探索[M].延吉:延边大学出版社.2020.

[12]黑生林.高校传统体育教学理论与方法研究[M].长春:吉林大学出版社.2021.

[13]袁建军.传统体育在高校教学中的实践探索[M].北京:中国商务出版社.2021.

[14]朱剑权,张炳刚,李立超.高校传统体育课程教学理论与实践[M].长春:吉林大学出版社.2021.

[15]陈宏.我国高校传统体育训练基地文化传承研究[M].北京:北京体育大学出版社.2021.

[16]张杰.高校传统体育教学研究[M].长沙:中南大学出版社.2019.

[17]黄中伟.高校少数传统体育教学研究[M].吉林:吉林出版集团股份有限公司.2017.

[18]谢宾,王新光,时春梅.高校体育教学与运动训练研究[M].吉林人民出版社.2021.

[19]康丹丹,施悦,马烨军.高校体育文化建设与大学生体育健康[M].长春:吉林人民出版社.2021.

[20]陆盛华.传统体育文化发展研究[M].北京:华文出版社.2021.

[21]张世榕.大学体育[M].北京:北京理工大学出版社.2020.

[22]谢萌.高校体育文化教育研究[M].吉林人民出版社.2021.

[23]吕峰,武吉文.高校传统体育运动教学与实践[M].北京:中国书籍出版社.2013.

[24]李正恩,韦燊,马平军.高校传统体育教学理论与实践[M].北京:中国时代经济出版社.2013.

[25]朱晓菱,倪伟.体育健康与实践[M].上海:上海大学出版社.2021.

[26]肖勤,王军,张妮.高校传统体育运动教学与实践[M].北京:中国原子能出版社.2012.

[27]王怀虎.传统体育与高校体育课程资源发展研究[M].长春:吉林大学出版社.2014.

[28]闫洪杰.高校传统体育课程分析与教学探讨[M].长春:吉林大学出版社.2016.